U0943567

国家自然科学基金面上项目（41271157）、国家旅游局青年旅游专家培养项目（TYETP201343）、陕西师范大学“211工程”青年学科带头人计划、西安曲江文化旅游股份有限公司“根植：曲江新文化地理解读”项目资助出版

根植

——曲江生活访谈录

白凯 王晓华 谢雪梅／著

创于1897
商务印书馆
The Commercial Press
2015年·北京

图书在版编目(CIP)数据

根植:曲江生活访谈录/白凯,王晓华,谢雪梅著.—北京:商务印书馆,2015
ISBN 978-7-100-11494-3

Ⅰ.①根… Ⅱ.①白…②王…③谢… Ⅲ.①社会生活—研究—西安市 Ⅳ.①D669

中国版本图书馆 CIP 数据核字(2015)第 186537 号

根植——曲江生活访谈录
白凯 王晓华 谢雪梅 著

商 务 印 书 馆 出 版
(北京王府井大街36号 邮政编码100710)
商 务 印 书 馆 发 行
北 京 冠 中 印 刷 厂 印 刷
ISBN 978-7-100-11494-3

2015 年 10 月第 1 版 开本 787×1092 1/16
2015 年 10 月北京第 1 次印刷 印张 17 1/4

定价:58.00 元

目录

隐 忧

关于曲江:新文化地理的视角

关于曲江,我知道她的时候是1998年。本科毕业前夕,班上同学们都因为恰逢第一次国家机构改革未能找到心仪的事业单位工作而发愁,但有个同学去了曲江,听说是政府性质的管委会,典型的事业单位。紧接着,毕业没过多久,我们印象中大雁塔北面[①]那个大斜坡没了,大斜坡两侧的曲江春晓园和盆景园也消失了,大雁塔村也被"改造"了……

突如其来的变化,让人感觉,好像某个人在陕西师范大学东边那片区域没日没夜地垒积木,轻巧的、剧烈的!

"70年代,瓦胡同村那边都是农田,还能看见狼窝,狼还跑进跑出的",这是我刚进入大学时,男生宿舍楼管理员王师傅说的。因为后来的曲江,也是现在的曲江新区行政界线离陕师大最近的地方,就是学校东墙外的瓦胡同村。那时,我对瓦胡同村充满厌恶和憎恨,学校东门外脏乱差,时不时还能听到女生说,东边三米多高的墙又被从外面挖开一个口子!着实不理解,那些来自那个区域的挖墙人,你们是为了偷东西还是为了看女生?

变化是为恒常!

---

① 大雁塔坐落在大慈恩寺内,西安人提及那个地方一般只说大雁塔,以其指代寺和塔所在的那个区域。

曲江那个地方也没因为我的厌恶和憎恨而停止变化的脚步，反而是越来越快了。期间，我去法国读书两年，回来时发现，学校东门对面已经建起了一个被陕北煤老板占据而卖空的“曲江 6 号”。原来印象中的大雁塔北面的大斜坡变成了亚洲最大的喷泉广场，后来又是大唐芙蓉园、曲江遗址公园……拆得越来越快，建得也越来越快！关于曲江的赞扬声和批判声此起彼伏，时常会被听到。但这一切，和我有什么关系？唯一和我能发生些许关系的是，那个令我极其厌恶和憎恨的瓦胡同村没了。

之后，我有些同事朋友陆续搬到曲江居住，还有些毕业的学生或师弟、师妹去曲江工作，从他们口中，能听到一些关于曲江的、关于他们的故事，“空间”[①]变了，“人”也就变了！

曲江其实做了一个特纠结的事情，就是建设了一个以“文化”为主导的新区！关于“文化”，其概念界定可以说无所不包。依我个人看，在曲江主导的“文化”新区，他们关注了物质文化，以开放替代了闭合、以新代替了旧、以灯火辉煌代替了幽静昏暗……，而这一切，都是一种文化层面的空间置换。

空间替换了，人呢？

国外有个很知名的华人学者，叫段义孚（Yi-fu Tuan），他和北洋军阀段祺瑞好像有点姻亲关系。老先生是新文化地理学[②]研究的代表人物，也是“地方”研究的大家。

---

① 传统地理学研究强调空间的概念，空间（space）是几何的，没有情感的，而在文化地理学中，特别是兴起于 21 世纪的新文化地理学中，更加强调地方（place）的概念。所谓地方，是个体或群体将自身情感融入或注入某个空间，并使自己和那个空间发生关联，由此，那个空间就会变成主体性的、“你”或“我”的地方。

② 传统的文化地理学关注静态的文化景观和现象在一个空间中的发展和演化规律，而新文化地理学更注重以动态视角来观察和分析某一空间内一种文化现象的特征及发展变化；其另一特点是关注“人”在文化形成与空间作用之间的关系，不论是个体的“人”还是群体的“人”，他们在这个空间中的关系交织及相互影响。

段义孚1930年出生在天津，因战乱和家人迁居重庆，1941年，10岁时在隆隆炮火声中和家人前往菲律宾，后来先后在澳大利亚、英国、加拿大和美国生活。他博士毕业论文做的是纯理科的自然地貌研究，但在博士毕业后，研究方向发生“革命性”的改变，提出并发展了地理学中“地方”的概念，并凭借其著作《恋地情结》(*Topophilia: A Study of Environmental Perception, Attitudes, and Values*)蜚声国际地理学、心理学及建筑学界。

作为研究者，我个人理解新文化地理学及“地方”的概念，更多体现出研究者深入观察社会后的发现，当“流动”(mobility)成为一种社会生活常态，人们亟须寻找一片“寄居心灵的空间”，并使其成为自我的“地方”，有了“地方”才能出现“根植”，才会产生稳定性。这个过程，空间的作用不可或缺，还有一种隐含的线索，就是生命体验中的各种人际关系。段义孚之所以能如此恰到好处地拿捏和深化“地方”的研究，与其前半生大跨度的“流动性”人生经历密不可分，他所诠释的“恋地情结”或许在其时隔60余年后返回中国后所著的《回家记》[1]中可以发现部分端倪。

20世纪50年代开始，美国经济进入了高度现代化的发展阶段，加之现代企业组织的新发展、国家或国际垄断组织的新发展及跨国公司的迅速崛起，美国开始向后工业社会和信息化社会转变，“流动”成为美国人生活中最为常见的现象和特征。这个时期，段义孚完成了《恋地情结》的写作，并以此深化了“地方”的概念和研究。审视那时的美国，似乎和现在的中国有几分相似。

空间和地方二者的关系在于:空间承载地方，而地方凸显空间。

在某种程度上，空间的物理属性不被破坏，它会恒常不变，即使人去楼空;而地方则不同，当人离开了，地方会瞬间土崩瓦解！空间满足了人们的

---

① 《回家记》的英文版原名为*Coming Home to China*，中文版于2013年1月由上海译文出版社出版，志丞翻译。

物质需求，而地方迎合人们的精神需要。空间是我们建设的，而地方则是我们建构的。

有的地理学家提出，没有不变的地方，而总有些地方的地方性会得以保留。认真思考，这好像是一个真命题，但似乎也是一个伪命题。视其为真命题的原因在于，上面的论断给出了变化的恒常，即所有的东西都在变化，事物均在变化运动当中；视其为伪命题的原因，是其肯定了有些东西的恒常不变，但这种恒常不变真的存在吗？

地方之所以存在，是因为我们通过自身经验对其进行了建构。建构必然会是个过程，过程会有明有暗，有些是我们自己意识到的，也有些是我们自己没有感觉到的，如浮华世界中的人生众相，恍惚中，我怎么会在这里？我和这里又会有什么关系？

1978年以来，我们生活的物质世界确实变化了，但是好像有那么一种感觉，我们挤在一起，却难抵孤独！

还是1978年，我的个人经验从那时开始深刻，好像每个人心灵深处的那个地方都被打碎了。新的地方又被建构起来了，宽阔的街道、明亮的办公室及温暖的居所，但你却悲哀地发现，你不可能，也不再会拿着凉席在鼓楼门洞里面纳凉。

俗世生活中，大部分人的地方破碎和建构是同步的，但也有例外，有的人可能根本没有自己的地方，而有的人或许曾经有过，破碎过后则停止建构。

东方之所以有别于西方，因为在东方，我们关注更多的是群体，而在西方，他们更关注个体。在中国，大规模的城市建设过程中，城市某些区域中，空间的物理属性发生了根本性的改变，政府又措施性地引导不同人群在某一空间中大量积聚，空间在这个过程中被建设，人的积聚，不同类型人的积聚，使空间承载的地方也被建构。

曲江，就是这样的一个地方！

瓦衚衕村

梦 想

做一家百年老店

本文故事描述的李先生，40余岁，在曲江经营一家日式餐馆，采访地点在其餐馆内，时间为2013年11月19日10点到12点之间。

曲江的发展给周边乃至整个西安居住环境都带来了很大改变。早些年，曲江周边都是农村的苞谷地，很荒凉，和现在的商业中心差之甚远。现在周边环境有了很大改观，大雁塔以南的区域（大唐不夜城），已成为西安南郊的新型城市商业中心。

做标杆

我们这家店亲历了曲江这块儿从招商一直到经营的发展过程。试营业是2009年7月18日，当时这里建筑是完成了，但招商时商家们还心存疑虑。因为区域建设不是连续的，五年前南边的客流量也很缺乏，周边交通也不方便，大唐不夜城还没有芙蓉园有名。芙蓉园投入这么大，“国人震撼、世界惊奇”的广告语都上了凤凰卫视了，会有很好的带动效应。而不夜城这边就几个仿唐建筑。因此，这里第一批招商不太成功。

为什么大唐不夜城前期进入的全是餐饮业态呢？因为在商业氛围布局里，餐饮业态是最聚人气的。很多人也好奇这个地方开了一个什么样的馆子，什么样的餐厅。有了吃饭的人，人气就积聚起来了，之后才是休闲购物和享受体验。

在现代商业经营模式推动下，大综合体的概念被发挥得淋漓尽致。如上海，很多地方餐饮业整体已经占到50%，甚至60%，然后才呈现多元化发展形态。曲江当时也号称要做成一站式、体验式的商业服务模式。理念很新，也很潮，但前期进展得非常艰难。记得我们刚开业的时候，某个电视台来采访，要宣传这个地方。当时，记者采访我问为什么要在这里选址，我回答说，出于两个原因：首先，这个地方是一个文化福地，出门就能看到千年的大雁塔，大雁塔的历史文化痕迹是不可复制和移植的，其文化影响力是独一无二的；其次，大唐不夜城的建设很好地体现了"物质文化传承"。我们选择做日本料理，从文化上来讲，日本是较好地借鉴中国文化的国家之一，它对中华文化特别是唐代文化的发扬继承大家有目共睹，可能在全世界来讲都是继承得最好的。据说曲江这边的设计师和日本的设计师还交流了很多。我们做日本料理，就是开启了一个洞见日本文化的小窗口，而这个地方恰恰符合我们这种业态的需求。从未来发展来讲，西安的声望要迈进的话，肯定是有市场前景的。另外我们也想做一个标杆，要把西安的国际化符号打造得更丰富。我们前期来的时候情形很惨烈，因为没有那么大的客流量，一开始我们就有这个心理准备。当时预期我们这个店亏一年。有些商家根本就没有这个思想准备，好在第二年人气就开始明显地回升了，特别是“五一”“十一”长假的时候，这边店里都要被顾客挤爆，整个大唐不夜城，估计一天的客流会达到 30 万人次以上，整个街区被游客挤得水泄不通。曲江新区住宅楼是西安卖得最好和最贵的，有很多大盘都在这儿。按这种住宅开发密度，未来消费市场是值得期待的，但时至今日也没有出现消费井喷的现象。我个人认为，原因还是综合配套不足，这样会影响人们的消费欲望。曲江新区不像高新区，高新区已经发展成熟，配套条件比较完备。

值得期待，随着入住人数、综合配套、周围商业设施的不断完善，当然还有教育的融入，曲江新区会迎来一个发展的高峰期。通过这么多年的变化来看，曲江新区的外貌确实改变了，南湖和遗址公园都已成了外地游客的必来之地，也确实给很多外地人带来震撼。

从城市建设、城市形象来讲，政府毫无疑问是最大的赢家，曲江无疑提升了西安的整体形象和知名度。其实一个好的餐厅和一个好的商业氛围能不能持续，要看地理环境的消费潜力。为什么北京和上海这样的一线城市这么好？就是因为它有足够的市场需求。

成为一家百年老店

我们经常听一些经济学家的讲座，诸如许小年、郎咸平。这些学者对经济规律的研究，还有市场业态，虽一针见血地提出很多问题，但解决之道还有待商榷。

我们是做实体经营的，相对熟悉服务经营的一线情况。新的投资经营，需要了解和判断整个行业情况，且会筹划很长时间。从我个人来讲，我一般都是带着项目去找地方，不会盲目进行。如果搞经营的人总想着只做一个餐厅，做一个小店，看局部，看今天营业额有多少，可能有点狭隘了。整个行业的发展，或者未来自身的经营收益，需要看大局，看整个市场。说大一点，你要看全世界的经济情况，甚至看股票的指数；说小一点，可能要看西安的政治经济气候，周围的区域气候、管理水平，这些都跟投资经营密切相关。

一个成熟的企业，特别是国际化的企业，市场一定是很细分的。你做什么就是做什么的，需要什么样的客人，定位一定很明晰。所以我跟我的员工讲，我们有目标顾客群，绝对不是流水式的。今天门口有20万人和你没关系，重要的是人家是冲着你家来的，冲着你的产品来的。在产品创新上，我们也一直在不断地研究和提升。我们的榜样是北京、上海、香港这样的发达城市。北京有1500家料理店，上海有1600家，香港有超过2000家。香港有一个俗语：料理店比金店都多。你随便走一个街道，都会看到若干家料理店。因为料理的特点是比较清淡，最接近世界卫生组织的健康标准，城市越发达，它的普及率越高。在上海，排名前10位餐厅，有6家是日本料理店。国际化程度高的地方就有很大的需求量，好的日本料理店甚至要提前一个礼拜预订。西安市所谓的国际化，不能整天吃羊肉泡馍、凉皮吧？当然不是说我们回坊的东西不好、凉皮不好吃，那只是特色而已。你要国际化，就要让全世界的美食都在这聚齐，这才是国际化的一个充分展示。

西安有品牌的料理店我们细数过，不到20家，其中我们占市场的一半还多，这跟我们之前十几年的经营历练是分不开的。我们必须紧抓自己的客户，体现自己产品的特点，并且把自己的特点进行最大化发挥，之后才能形成服务的连续性。

据我个人的经验，做实体店要专注，要明白做这行不能朝三暮四，要在这个地方持续深耕，要做就做行业领先。最起码在西安要保持领先。领先就意味着，要从规模上、体量上、社会效益上、经济效益上，都要做老大。当然，市场肯定有一个成长、发展、成熟甚至最终衰败的过程，这都是自然规律。一线城市的经验充分说明了这一点。上海的徐家汇、陆家嘴这几个商圈，也都经历了这个过程。一线城市的需求量已经达到了顶峰。上海徐家汇的港汇，在若干年前去的时候门可罗雀，但是现在它的需求量起来了，每天那里 100 多户，甚至 200 多户商家门口都排着长队。我们当时也向同行了解到，他们的租金按每平方米每天算，而我们现在按每平方米每月算，没有可比性。换句话来讲，一平方米到了上千元，商家仍然能撑住，就是因为充足的市场需求量。另外企业也有一个高效的工作机制，消化了很多不必要的人力。现在西安可能开一个店要 50 个人，人家 20 个人就够了，劳动率提高了，也是竞争的必然。西安如果按照一线城市来做的话，还是有很大的提升空间。

我想做成一个百年老店。餐饮一定要做持续。中国餐饮平均寿命是 1.06 年，说起来令人很伤心。1.06 年是什么概念？连投资成本都收不回来。这是平均下来的，当然不乏有些做得很好的，可能做十年的。但比较而言，在日本开馆子的做 70 年、200 年的，比比皆是。马云等到日本也很惊叹这一点。如果真正做餐饮，其实也是苦恼和乐趣皆有，为发现一个新东西，全世界各地跑。上海那些所谓的料理店我都去遍了，都可以当美食导游了。要做这一行就必须专注这一行，要了解，能给别人娓娓道来，什么地方有什么店，具体什么位置，什么来头，这些都是学习的成本。

要能体会城市的多元化

一线城市的发展经验都是值得我们学习和借鉴的。最主要的是管理理念，这比架上个牌子说要做文化产业更有实效。经营者需要有自己独特的品位，有消费的唯一性，并能成为消费的引领者。城市是先进的、时尚的、领先的、一流的，每一个细节都是往前推进的，这就是生活的一部分。如果搞时尚的人自己不时尚，那肯定做不出时尚来。

但是从大气候来说，曲江现在仍是空有其表而缺乏内涵，还有很多东西需要填充，需要业态的不断重新组合。曲江最主要的消费潜力是人，尤其是本地的消费群。其次就是配套，包括各种业态，更多的娱乐、文化的东西。比如最近博物馆和美术馆的活动有点偏少，特别是音乐厅的利用率太低，这都是让人比较遗憾的。在国外，威尼斯那么大的广场，家家店里都是穿着燕尾服拉小提琴、弹钢琴的，弥漫着艺术气息。在那儿喝咖啡、喝鸡尾酒的人乐此不疲，是很享受的，消费也不低。为什么我们的广场不能弄？特别是休闲区，只要在不妨碍出入的情况下，可以放开一点，干净一点，自律一点。欧洲街头咖啡馆不论是冬天还是夏天，门外边都是最贵的。外边要 3 欧，里边 2 欧，站在那儿 1 欧。喝咖啡为什么外边最贵呢？因为外边闲适嘛。老外的休闲就是这样，人看人，当然肯定把道路让开。这点上海做得比较好，上海的城中心有很多小街道，本来两人一错身就可以过去，人家还专门划一个放自行车的地方。上海那么大的城市都能做，西安不能做吗？其实可以做得很人性化。小商小摊和城市建设是相容的，不是对立的。

我们是被招商引资过来的，那个时候市长做了很多工作。推动曲江建设我觉得市长功不可没。我虽然跟他仅几面之交，都是因为工作，但他很下势[①]，晚上 12 点还在巡视，有不好的现场马上打电话，让管理人员进行改正。有这样的领导来现场督促，结果马上不同，把这儿搞得很干净。

前期曲江管委会在招商的时候说是一站式的。规划部门都在尽力地

---

① 下势：陕西话，下力气。

给人开绿灯，包括搞点亮工程，你拿个方案，他们批了以后，管委会掏一半钱，你掏一半钱。一个商圈的影响力要有后劲，不只是前期把商家引进来，后期的管理水平也是非常重要的。

我也看到有媒体批评曲江，当然批评的是地产，是曲江这个运作模式。我感觉记者有些以点带面了，它不是绝对没有好处。如果没有这个，这边仍是大农村，会有现在的感觉吗？

采访手记

当你漫步于曲江街头，是否想过这里曾是一片麦田？当你品尝着异国美食之时，是否想过异国文化与本土文化如此地契合？也许曲江的魅力就在于改变、包容与接纳。在全球化迅速蔓延的今天，多元文化在一座城市、一个区块、一处角落迅速集聚，在增加地方个性、品位的同时，也成为人们生活的一部分。依托于曲江的多元化和国际化进程，人的多元属性和消费空间的多义、解构、流变之间形成了复杂的“人—地”关系①。

美食是多元文化的载体，它不仅成为拉近世界距离的媒介，而且也承载着文化传播、地方表征，甚至是社会变迁的功能。一方面，美食使全球性和地方性在交互影响过程中达到某种综合②；另一方面，美食在征服本地消费者的同时也在重构着城市的消费空间③。新文化地理学

---

① Robertson R., 1994, Globalization or Glocalization? *Journal of International Communication*, 1(1).

② 廖开怀、李立勋、张虹鸥：《全球化背景下广州城市文化消费空间重构——以星巴克为例》，《热带地理》，2012 年第 2 期。

③ 张敏、熊帼：《基于日常生活的消费空间生产：一个消费空间的文化研究框架》，《人文地理》，2013 年第 2 期。

关注消费的意义、认同、想象及其与地方的关联，美食不仅是地方文化的一部分，同时也是消费空间的有效构成，其既体现了消费文化的空间转向，也体现了消费空间的文化转向①。因此，不论是大尺度层面的国际化和标杆化，还是小尺度层面的百年梦想，曲江要做的便是对消费空间“惯习”与“诗性”的持续生产。这其中的惯习是要用文化的力量对消费空间的推陈出新提供有利的依靠和保障②；而诗性则是基于感性层面，使消费关注于生活的风格、诗意与想象③。

---

① Robertson R., 1994, Globalization or Glocalization? *Journal of International Communication*, 1(1).

② Sumner W. G. On the Mores//: Parsons T. *Theories of Society*. New York: Free Press, 1961.

③ 同①。

我想有家可持续发展的企业

本文故事描述的黄女士，30 余岁，在曲江经营十余家店铺，采访地点在大雁塔广场的一家咖啡厅，时间为 2013 年 11 月 14 日 14 点到 16 点之间。

2004 年 6 月 1 日，我成为大雁塔景区的第一批商户，直至今天。这期间，我们换了好多届领导，这儿的商户也淘汰了一批又一批。我就是被沉淀下来的那种，见证了曲江的一步步发展。我们这家咖啡厅是今年 3 月份新开的店，装修好才两个月。

我在曲江这么多年，感受最深的就是这里环境的变化。原来这儿是一片片荒坡，现在走到哪儿都让人觉得很舒心。原来公交车只有一趟，就一个 224 路，而且只走到射击场，现在交通便利多了。要说曲江变化很大，我看不能用很大，应该说特别大，相当大。短短的十年，就变成了现在的样子。

用“小市民”的眼光见证

我来曲江的时候，那时候住的地方就是现在的唐城墙遗址公园。那一片原来有个庙坡头村，全是无人管理的花椒树、苹果树，果子也没人摘，满地都是野菜。现在是曲江公馆二期，花椒树林也变成了公园。大雁塔北广场的开发建设用了不到一年的时间，那个区域原来全是荒坡，旁边都是大柏树。在北广场建成之前，我每次路过总是害怕后面是不是会冷不丁出现个什么。我当时是骑自行车去大差市上班的，现在换成了汽车，这也是变化之一。可以说，我看着曲江在成长，也算是用小市民的眼光见证了其变化的过程。

我刚来曲江的时候是做保险的，平安保险，做了六年。后来在庙坡头村买了房，当时才1000块钱一平方米，挺便宜，十几万块钱就可以买一百多平方米。那时候喷泉还在建，元月份开园以后，我天天上班从这里经过，就基本看不见喷泉的水，因为人太多了。到了“五一”的时候，人就更多了，我突然觉得在这个广场上，要是有一点商业氛围的话，不管卖什么，肯定都可以挣钱。挣钱是一方面，那些游客看完这个水，眼瞪瞪地就走了①，没有商业氛围，他们很难久留。

想到这些，我就去找了现在的大雁塔景区管理公司，当时它还是事业单位。我的想法刚好与他们吻合，他们也有这样的规划。

刚开始只是一个小冷饮摊，就卖冰激凌、矿泉水，我卖得最多的是矿泉水。那时就是从可乐公司拉来一车，放在现在这个5号亭下面的那个木栈道上，一车水763件，一堆一堆的，像一座山。当时景区管理公司的人说，这样可不行，后来就帮我找了一间库房，就是他们原来那一排门面，有一间是空的，让我把东西都放在那里。

当时生意还是蛮不错的。对做生意来说，北广场人气相当旺，主要原因是空旷的街区没卖东西的，只有一个喷泉。当时的人气和现在比不相上下，但是现在的人被分散开了。当时人多的时候，喷泉根本就看不到，不像现在有工艺品，人们可以随便转，那会儿就我们四家卖冰激凌和冷饮。

---

① 眼瞪瞪：陕西话，本句话意思是眼睁睁地看着游客走了。

从冷饮到小车再到商亭

最初我们在大雁塔北广场，也就是卖冷饮，到了第二年步行街南北贯通之际，管理处的张总为了丰富广场经营类型，规划了一种售货小推车。最初的售货小推车只有18个，大家都在琢磨到底要卖什么，没人敢接手经营。我很“幸运”，被点名“抓了壮丁”，1800元入手一个推车摊位。后续推车摊位的经营，五花八门，有经营卖衣服的，就是小孩子那种装饰性的衣服，有卖首饰的。做小推车的时候就不做冷饮了，改成了工艺品。当时我对工艺品没什么概念，只好去康复路批发市场贩货回来卖。女人可能天生对饰品感兴趣，我进来的货物销售还不错，唯一一个缺点就是价格不太好掌控，18个小摊车，很多出售的工艺品是类型重复的，比如，一个工艺品胸针，你可以卖到5块钱，也可以卖20块钱，甚至35块钱，要看客人的喜好程度，也看是否有其他商户砸价，会经营的，销售经营很好，东西卖得快；不会经营的，坚守岗位也赚不到钱。后来我自己也有点厌倦了，恰好有个朋友问我，如果确实没精力，能否把那个小推车摊位转让给他，我顺水推舟，也没收什么转让费用，直接给他了。

再之后，我经营了一个商亭，就在肯德基最前面的那个，1 号商亭，一直在那儿。营业面积增加，卖的东西种类就增多了。那会儿流行柯达胶卷，大家可以租相机。我们一边卖冷饮，一边租相机。相机我租给你，押金是 100 块钱，你买个胶卷，再买一副电池，装好就可以走人。回来以后，如果还要冲洗照片，就把胶卷收回来，一个小时左右就可以取走照片。

这中间我一直是卖冷饮，也没有再变化什么经营品种。后来，回家生宝宝，几乎一年多就围着孩子转，生意就暂停了。

从帐篷到 24 间木头房

到宝宝一岁半的时候，有一次偶然碰到了大雁塔管理公司的张总，她说，孩子如果大点了，你能走开，回来再整点什么吧！和以往的经营场地不同，这次我接手了几个木头房。大雁塔北广场最早的经营场所，除了我刚提及的小车和商亭外，每到“五一”“十一”或年关的时候，管理处会在广场搭建一些临时的经营性大棚，搞露天演出什么的。因为人多，一般的厂家也愿意短时间租赁。这种经营方式有一个明显的弊端，如果假期七天下三天雨，那帐篷和围挡都会被淋得乱七八糟，经营的外部形象特别不好看。广场管理处也发现了这个问题，后来琢磨，怎么能既好看又能达到展出经营的效果，于是就有人提出做一批可以拆卸的木头房子，一个木头房子的制作成本大概 1 万多。张总给我说了这些，我觉得这行，能经营，就请她帮我先做了 10 个。

和以往我们亲自经营不同，这次做起了“二房东”。我招来了 10 家商户，房子是我的，他们带货来卖，我帮他们办各方面的手续，工商税务什么都包括在内，费用结算是经营户一天给我多少钱。之后，我觉得 10 个房子太少，又扩大。最多时做了 24 个这样的小房子。这种方式一直维持到前年的 7 月 1 日。三年多的时间，木头房子的经营在广场一直都很稳定，我们和商户也建立起了足够的信任，广场管理处也觉得我做事比较靠谱，总之三方都比较满意。

后来因为新管委会主任认为这些亭子不符合整个广场的文化氛围和形象，也可能是因为别的原因，就被取缔了。2011 年 7 月份，广场上所有的流动商铺，就是那 20 多个用来做活动的木房子不能继续了。现在大雁塔广场基本不让做什么商业经营活动，只可以做与文化传承有关或公益性质的，可能管理层有更为深远的想法吧！

什么都弄得了

有了前面的经营经历，我成了景区商户招揽的代名词，像曲江池或者别的景区开业要找商户，问到大雁塔管理处，他们就推荐我，“我们这儿有个商户姓黄，什么都弄得了”。曲江池开业，那边的管委会来找我，我就在那儿开了一家小小的咖啡屋，一共才十几平方米。经营面积太小了，但也没别的办法，就那么一个小小的房子，而且周边卖冷热饮的店面都有了，我又不能和别家冲突去抢生意，就只能现做现调的冰激凌和咖啡。曲江池气球推出后，就是那个“曲江眼”，我就在那儿开了一家奶茶屋，这样慢慢扩展，现在我在曲江有了十几家这样的店面。

很多像我这样在曲江初创时期开始经营的人，现在在曲江都有类似的几家连锁店。前年曲江楼观台开业，也是我们这些在景区有过开业经历的人先进入新的景区，去做景区的商业氛围，毕竟我们前面有过相关的经营经历，肯定比新人摸索着走得快些。

曲江旗下的这些景区，我还是比较喜欢大雁塔南北广场这个地方。我个人认为，景区商业的发展应该以人为本，没有人就不可能产生需求。像曲江池那边经营就特别困难，管理人员的任务重，但是能下手的项目又不多。看着那边人挺多，但都是些遛弯、遛狗、跑步和转圈的，基本不消费，而大雁塔南北广场就不同了，亚洲第一的音乐喷泉，能吸引一些人，最主要的，还有大雁塔这个历史名胜古迹。芙蓉园我一般是不去的，要买票，我想在那里做生意肯定会有一定的难度。

我自己现在的十几家店都在曲江，北广场、曲江池，甚至在财神庙文化区、楼观台，还有临潼，只要是有曲江冠名经营的地方，基本每次开业我都去看看，我对这曲江还是有感觉的。

除了咖啡厅、奶茶屋，我马上就要在秦汉唐（商业广场）开个照相馆，想要做一个专门做大唐服饰的主题文化照相馆，跟一般的影楼概念不一样。之前我经营过照相、胶卷、洗照片之类的，现在科技发达，柯达都倒闭了，我还能活下去吗？这个时代，只有极少数人可能有这种需求，大家都换成数码照相机，这些也需要在经营上跟进。

我对我开店的地点充满信心，其他追随的经营者也认可我，只要我觉得这个地方可以，那就肯定行。走眼也是有的，比如曲江轻轨，我们要在曲江轻轨上开一家韩式料理店，装修好有一年多了，在那儿一直放着呢。现在想想也不算完全走眼，因为曲江轻轨一直没开业运营，如果开了，我还是有信心。那个韩式料理店的经营合同是前年 7 月份签的，到今年 7 月份就两年了，还没有开始。不过景区也没催再交租金，对一个商人来说，我把钱投到这里，看不到利润，那就是失败的，我还有二三十万的装修钱在里面投着，如果现在谁要那个店，我就转了，不想等，总是觉得是件很丢人的事情。

几乎没有假期

我差不多整天在曲江转悠，循环往复，从一个店到另一个店差不多就 5 到 10 分钟。我家到曲江池也就 3 分钟，从曲江池到大雁塔，就四五分钟的样子。

提及出去旅游，我挺羡慕那些上班的人，他们都有固定的假期和双休日。我每年都是快到过年，农历二十六，所有员工放假我才得闲。其实这样做在景区也是不允许的，就是因为我们时间长了，跟景区领导熟，才能请到这么几天假，要不就必须经营到大年三十。但是大年初一我们是必然要开门，景区不让开我们也开，生意奇好，人多。这样看来你也知道了，一年365天我们几乎没有假期，发自内心地羡慕人家上班的，有周末也有年假。

将来做一家企业

不管是曲江文旅还是各景区的老总，都认可我，觉得我这个人做什么事情都靠谱，不会给他们添乱。我自己也很愿意站在别人的角度去思考问题，也经常给下面员工说，你们干好这些事情首先是为了你们，然后才是为我。可能是因为生意做到一定程度了，我觉得钱现在已经不是最重要的了，只求每天开开心心的，下面员工把工作做好，我愿意给他们多发钱，也愿意在未来发展中，把他们未来的发展规划到我的计划里面来。

我经常给员工讲，让我站柜台销售，我可以像世纪金花商场的员工那样，做到不管顾客怎么刁难，都能自如地应对他们。做销售态度很重要，顾客有些事情想不通，偶尔说一两句难听话给服务员很正常，但服务人员不能让事情恶化，这是自身能做到的，要工作就一丝不苟，服务态度好，虽然我们的服务培训赶不上世纪金花，但我始终如一地给员工灌输这种服务理念。

在管理上，我基本都是以柔克刚，属于教导式，很少使用严厉批评。如果发现下属有了问题，我一般都先自责，个人认为，员工的程度和层次决定了他们看问题还是有一定的局限性的，所以出了问题，我基本都是原谅式教育。在挑选员工上，我的标准是选择18～25岁的，管理相对简单，结过婚的基本不要，因为他们负担重，要求也高。事实上，年轻员工只要能看到希望，觉得老板对他们关心，他们也确实很努力，我觉得他们已经做得可以了。

我现在手头的项目，基本上只有一两个是挣钱的，其余的其实都是在养员工。运营模式上，我来投资，招聘员工来帮助经营。经营收入上，我自己可以估算出来，像今天这样的天气，我店里的销售额，他们不给我交，我都能猜出来是多少。说起来，其实原因很简单，以多年的经营经验，用往年营业额再加上当天的客流量，就能推算出来。

将心比心，员工也是人，虽然给我打工，但尽量对他们好一点。比如，我们的临时工，我一个月也给他们发 2000 块，管吃管住，身体不舒服，我还给他们买药什么的，算是公费医疗了吧。现在店多了，我的钱还是靠员工帮忙赚，所以有时候真的对他们比对我自己还好。我会给厨师说，让他们按点吃饭，下午安排厨师早早让把饭送过去，晚上饿了不准吃，晚餐吃多了不好消化，老了影响就出来了。员工对我也挺好，如果碰到饭点我还没吃，经常会有人说："姐，你赶紧吃饭去！"

我觉得不管是对人，还是对地方，只要投入了，还是有回报的。像曲江我的项目，基本都能做起来，在这个地方投入了我的心血，它也会回报我，成就我的梦想。

我现在的工作基本上就是管理，一直有这样一个梦想，就是将来做成一个企业，慢慢地发展，可以留给后代的，十年、百年地发展。这个机会可能马上就会有了，曲江马上要建一个中央文化商务区，在大雁塔以南五公里，大概在南三环。我猜这和习主席去哈萨克斯坦提到的重建丝绸之路有关。咱们这里是丝绸之路的起点，曲江要建一个中央文化商务区，就是现在广告上写的 CCBD，这是曲江未来的项目。如果未来能在这儿开辟一个销售团队，我就可以承揽咱们曲江的开发项目，可以带领我的人去做销售，在将来的文化产业里，虽然我不会生产、研究、开发，但我可以做销售。

我对曲江非常满意

我对曲江非常满意。特别是夏天,在北郊转一圈回来我就觉得北郊特别闷热,但是一出和平门,就觉得空气都比那边好,而且还感觉凉一些。

美术馆里面原来有一个书店,我特别爱逛。现在大家都在网上看书了,但是我不习惯,感觉浏览完了就没有了。我习惯买书,一周买好几本,原来那个书店我经常去。

我平时很少去曲江之外的地方,除了搞一些经营活动。朋友家人聚会我也基本安排在曲江范围之内,为此,别人经常说我对曲江是“鬼迷心窍”,反正我不管,要聚会就来曲江,来曲江我掏钱,别的地方我不去。说实话,出去跟朋友说我在曲江做生意,住在曲江,自豪感还是有的。因为在外人看来,“你在曲江,你就很厉害,很上档次”。在他们眼中,在曲江工作,这个工作环境,还有这个客流量,经营状况肯定不能差。

外地的亲戚朋友来了,我也都极力推荐曲江,让他们住在曲江,吃在曲江,逛在曲江。

发自内心地感谢曲江,它让我生活发生了改变,也提升了我自己的认同感,以后我不管去哪里,只要大家说,这个女的在曲江干得不错,我觉得这就行了。

采访手记

“我在曲江这么多年,感受最深的就是这里环境的变化。原来这儿是一片片荒坡,现在走到哪儿都让人觉得很舒心……”作为城市飞速发展的缩影——曲江正在向世人呈现出新的面貌和风采;而作为一名城市空间更新的亲历人和见证者,从冷饮—小车—商亭的变化是曲江对

“我们”梦想的承载。

从乡村到城市新区，从田地到高楼，城市更新成为了推进城市现代化、融入全球化和经济社会结构调整的关键方式[①]。社会文化地理学视角下的城市更新伴随着城市发展的全过程，不论是从城市空间资本的角度，还是从城市空间修复与重建的角度，城市更新不仅提升城市经济活力与城市吸引力，同时也促使了社会置换与文化更新[②]。

随着曲江新区经济的快速发展，曲江的城市更新呈现出两条新的途径：其一，就把曲江新区作为城市更新所构建的“新”地方而言，旅游与地产成为曲江的地方符号，并且这些地方符号正在内化出曲江的地方性，即独特和包容。其二，对于大多数见证曲江发展的人而言，曲江翻天覆地的变化使亲历者内生出了新的地方认同，这种认同体现在“吃”在曲江、“住”在曲江、“玩”在曲江的多元合一。所以说，当我们谈论梦想时，其实有些时候梦想已经成为现实。因为城市硬件发展为我们提供了实现梦想的平台，城市经济的发展为我们创造了实现梦想的机遇，这或许就是“曲江与我”的完美契合。

---

① 张京祥、陈浩：《基于空间再生产视角的西方城市空间更新解析》，《人文地理》，2012年第2期。

② 同①。

希望与客人成为朋友

本文故事描述的李女士,20余岁,在曲江一家餐厅任经理,采访地点在其工作的餐厅内,时间为2013年11月19日15点到17点之间。

曲江这个地方在唐代是比较有名气的。2009年我来这儿,当时周边很多东西都在建,没有什么公园之类的。当时酒店也很少,只有我们小白鲨,还有对面的阅江楼。现在这个地方真好,也是咱们西安的一个亮点,很多外地人来了之后感慨地说西安发展特别快,由曲江这块新区就能看得出来。

2009年我来了之后就特别喜欢这个地方,觉得它环境好,空气也比较好,想不到西安竟然还有这么美的地方。因为之前上班的地方在高新区那边,来这边很少,曲江毕竟是一个新区。当时来了之后,就有想留在这边上班的想法。这个店是2008年筹备的,我2009年过来,来得算是晚了。先来的那些人都向我反映不太好坐车,因为宿舍离得较远,走路大概得40分钟。那时最不方便的就是没有公交车,好像只有一个22路,而且晚上八点半就收车了。因为是餐饮业嘛,我们营业到很晚,总是感觉回去非常不方便。经过这五年时间,坐车变得方便了,出租车也慢慢多了。当时园区也有来调查这边有什么不方便的,我们建议公交车能不能延迟,现在有的就延迟到十一点了,这对我们来说就方便不少。

让我感受最深的是这边发展迅速的旅游产业，比如现在对外开放的寒窑公园，还有海洋极地公园。地产是发展最快的，如雨后春笋一般，不知不觉一栋一栋楼就拔地而起了。我对曲江未来的发展前景很看好，你看我们周边不远处现在也建了酒店。此外，还有银泰、不夜城啊，也能带动曲江的发展。曲江未来的发展主要还是应该做一些旅游、传媒和文化，我觉得这些还是比较好的。

来曲江心情真的很好

来这儿工作之前我是在高新区。当时曲江这边没有人气，居民很少，而且它的配套设施没有完全跟上，不便民。我们老板还是很有眼光的，2009年的时候这旁边还有好多楼盘都没起来呢。他之前也看过大唐不夜城那边，比较繁华。但是我们高端餐饮的定位是静，所以最后还是选在了这个地方。这个地方可以说在西安是独一无二的，做生意嘛，不可能一开始就很好，但是他还是比较看好这个地方，觉得有前景。

刚来的时候我就想，像我们这样的高端场所会有什么样的消费群体。但来了之后发现其实一点都不用担心，因为高端客人还是有的。今年情况有变化，我们的生意清淡了许多。

在这儿吃饭的曲江居民倒不多，从外面来的多。他们是出于什么原因跑到这边来消费呢？我觉得是环境吸引的。在西安，你要想找到这种大环境的餐厅，旁边有这么大的湖的，毕竟很少。高新那边的高端餐厅很多，但是环境上还是不如曲江，酒店旁边能有这么大一片水，能带来财气和灵气。

刚来的时候，这边配套不太好，入住率也不高，基本上半年时间生意都不好，但我们在曲江这边投资，政府比较支持。小白鲨这个品牌，全国不是一家店，在深圳就有两家，已经经营了十三年，这个是在西安开的第一家店。随后又陆陆续续开了几家分店，高新、雁翔路、临潼都有。因为很多客人在深圳和北京吃过小白鲨，他们一听就很感兴趣，知道做的是潮州菜，也挺有名气的，慕名而来的比较多。另外，我们的原材料也比较好，基本上都是潮州发过来的。客人吃了第一次觉得好，会向朋友介绍，来的基本上是回头客。

我现在就住曲江，上班有时坐车，有时走路。在这儿工作了之后，很喜欢这个地方，就想住下来。之前我住在翠华路，也不远，但我还是决定搬过来，因为这样更近，这样挺好的，能经常走路。这里空气好，晚上散步的人特别多。我们在这个地方就要利用这个地方，可以运动运动，平时下班了没事也在外边转转，就比如说我两点下班，没什么事就可以在园区走一圈，四十分钟。我觉得对我来说也是一种锻炼，因为平时锻炼身体太少了。

刚来的时候，曲江其他景点我们也转，像寒窑、芙蓉园之类的，现在来的时间长了，下班后就在附近转一转。我觉得曲江这个环境，最主要的还是造就了地产业。旁边这些楼前几年还没有这么多，现在不管从哪个角度看都能看到很多脚手架。之前站在我们这个包间的阳台这儿，都能看到对面的山。现在已经看不到了，周围全都是楼。

我的朋友过来玩，大多数都会看一看这地方，在这儿买房的欲望还是有的。年轻人肯定比较喜欢热闹的地方，但中年人、老年人退休以后在这儿买一套房，下午吃完饭后可以在这儿遛遛弯，锻炼身体，空气也比较好，所以给父母在这儿买房的比较多一些。我有一些客人就说，他们的父母在曲江住，我们年轻人都要上班，还是不方便。年轻人喜欢热热闹闹的地方，推个小孩下去，最起码院子里人特别多。但老人不是这样，老人希望静一些。

我逛街一般还是在曲江，去大唐不夜城、银泰广场。这边也挺方便，像有金花礼品生活小超市，也有华润万家，如果你想买一些比较高端的商品，还得去南大街，平时的生活必需品在曲江这边都有。

我经常去看电影，但音乐厅、美术馆去得少，因为音乐厅比较高雅一些，票价也比较贵，对我们来说时间上也不太合适，一般晚上活动比较多，七点半这个时间是我们这边最忙的时候，所以基本上都不会去。

餐饮业的上班时间比较麻烦，是两头班，中间这一段就特别难受，你不知道干啥。比如十点半上班，两点下班，下午五点又上班，上到晚上九点多，有时候到十点。所以中间这几个小时，说长不长，说短不短，远的地方去不了，只能在附近转。我们员工下班后也是在大唐不夜城附近溜达的比较多，出去吃个小零食，逛街买个小东西，喜欢锻炼的就围着南湖走一走。你要喜欢锻炼，就可以绕着走一圈，这是最好的锻炼了。我们这里工作环境确实特别好，一年四季景色都很美。夏天有夏天的美，冬天下雪也很漂亮。所以我感觉来曲江真的心情好，有时你不开心，在南湖边看一下，心胸就开阔了。客人们也会给挺好的评价，说我们这边绿地草坪、背枕山丘，面临湖水，不管吃什么菜，哪怕是青菜，心情都好。

店里很多客人都是开车专门到这儿，外面停车比较方便。现在外出就餐最怕没有停车位，要做好餐饮，车位一定要落实好，如果在繁华地带开个酒店，就必须有地下停车，路面停车实在太难。我们就不牵扯这种问题，停车比较好一些，条件确实是得天独厚的。

在西安最美的地方工作

与在其他店工作相比我觉得这里更能提升个人水平，因为曲江毕竟是一个文化区，和我们经常打交道的一些部门，我觉得他们的工作都特别踏实，从他们身上我也能看到很多自己的不足。曲江发展这么好，与他们高效率的领导是密不可分的。他们和我们酒店一直合作很愉快，他们的人，小到部长，大到主管、经理，人都特别好，这让我们在这边做生意挺开心。

我们跟曲江其他餐饮企业也有过交流，形形色色的曲江人，说得最多的一个问题就是交通。上班没车，饭点堵车，有些客人在酒店订好餐，预订的七点，到六点半的时候取消了，因为路上堵。我们在南湖这边，稍微偏点，很少有此类问题，客人觉得来我们这边吃饭比较方便。像我们高新店就不行，有时客人开车一个小时都到不了。

相比较而言，高新店属于商圈，那边商务用餐比较多，我们这边中午基本上都没什么生意，商务宴请时间太短，晚上的话可能还能好一些。最大的问题是冬天生意特别淡，因为来曲江玩的人少。曲江这边毕竟有水，温度还是比较低一些，夏天就好一些，大家喜欢到湖边吹吹风，白天也比较长。

我第一年来的时候，冬天下班，那时还在翠华路住，一个人走到大气球那儿搭车，感觉路上就只有我一个人，晚上十点多，安静得很，特恐怖。后来一个出租车过去了，当时没停，过会儿又转回来了，司机对我说："我看你一个人在那儿挺可怜的，我本来都不想拉人了。你怎么跑这儿来了？是不是失恋了？"我说我在这儿上班。"在这儿上班？这地方连个车都没有。"后来他把我送了回去，司机是我们长安县的一个老乡。

现在情况大不一样了，比如周末，中午出去车就不少，因为来这边的游客多，出租车也就多了起来，我们打车也方便了，最差也是走到大气球那儿，绝对是有车的。据说地铁有条线本来也是要走这边，但是受南湖的影响，后来好像把站点修到雁南四路那边了，如果地铁通了，我想会更方便。

如果要向别人介绍我的工作地点，我会说在西安最美的地方，就像是在上海外滩那块的感觉一样。我觉得这就是西安最好最美的一个地方，景色好，也方便，如果再远一点的话，就没有这么好的配套设施了。

我们这儿有这么美的湖光山色，我经常拍照片发到微信上，我们员工也经常这样，连老板有时候也这么做。西安本身是一个土多水少的地方，黄土高坡，感觉灰尘比较大，但是曲江这里确实干净，你看它的街道就知道，有这样一块净土，确实不错。

我把客人当朋友

我一直在餐饮行业工作，有十五六年了，比较热爱餐饮行业，所以对现在的工作也很感兴趣。我喜欢和人打交道，和不同客人聊天。我们做餐饮行业的，见到的客人不仅仅是政府、企业的，也有一些暴发户之类的，总之什么人都有，你可以跟他们聊不同的话题，他们说啥，你就跟着他们的话题去聊。

这两年来曲江置业的外地人越来越多，从我们的客户中就可以看到这种明显的变化。在我的印象中，来这边买房的基本上都是西安周边县里的人，经常能碰到一些老板来这里买房看房，会在我们这里吃饭，不夸张地说，我感觉自己还兼了一个职——推销房子。我给人讲哪个楼盘好，还带人去看，参观样板间，和售楼小姐一样。后来很多楼盘销售都找我，给我拿一些资料看，说李总你给我们看一下，到时候推销一下房子，有提成。我说提成是次要的，只要是我们客人需要的，只要我能做的，我肯定会尽量帮我的客人去做。我也确实在了解周边楼盘的情况下，知道哪些房子的品质比较好，介绍好房子给客人。

我现在跟客人之间建立的关系，都是朋友关系了，他们也都把我当朋友看。经常来的，我把他们的喜好记住，就可以直接给他们排菜推荐，让他们满意。很多人对我熟悉信任了，也常来，我的安排令他们很满意，也不用费心去点菜。点菜是个学问，需要细心，要替客人着想，要根据客人的能力来安排菜，不能他口袋只装了 5000 元，你非让他消费 8000 元，整不好，下次人家不来找你了。比如，客人订了一个八人的包间，只来了一个或两个，坐里面很无聊，你让他看电视也没什么好看的，有球赛他可以看球，但如果没有的话，我就会跟客人聊两句。你不能给客人订完包间就走，这样不太好，一定程度上要跟客人多沟通。客人跟你亲近，他能记住你，会再来。还有那些外地的客人，吃完饭以后，我也会带他们去寒窑转转，也会给他们推荐这附近一些好玩的地方，让他们可以去看看，让客人多少增加一些对西安的亲近感。

有的客人说我责任心强，其实怎么说呢，我觉得既然选择了这个职业，就要把它干好，对老板负责，也对自己负责。我们餐饮行业的流动性比较大，你就是应聘其他酒店，人家也会看你在哪个酒店做过，也会从以往的工作经历里面来了解你。

我认为曲江可以算是西安有代表性的地方。像我们酒店，外观是比较中式的，都是按照要求来做的，当初曲江在这儿招商的时候有一个框架，而内部装修是我们自己设计的。

现在南湖里有四家餐饮，那边儿有个西山会馆，刚开业几个月，也是比较高端的。旁边有个南湖一号，是高端会所。接下来就是阅江楼，它是个中端的。总的来说，曲江这边儿家店的定位都相对较高，客人来南湖就餐，有选择余地，不仅我们一家。

我没碰到过什么难缠的客人，曲江人的生活品味相对较高，素质也比较高，整体上有文化底蕴。因为我们酒店定位比较高端，现在确实不好做了，如果再不改变思路，可能后面发展会很麻烦。但是没办法，前期已经定位做高端了，各种投入、运营成本、设备人员维修，每天固定成本要投入那么多，想改别的路线其实挺不容易，尽量保留一些吧，毕竟还是会吸引一些有品味的顾客。

80后、90后难管

我在工作中挺快乐的，因为和80、90后年轻人在一块，他们有那种活力，能让我感觉年轻一些。

我们那些，80后、90后员工想法比较简单。他们认为出来打工，在哪个酒店干都是一样的。其实他们不在乎环境，在乎的是工资、待遇，很务实，尤其是90后。为什么跳槽的比较多？哪里工资高他就去哪里呗，所以我们服务行业特别难招人，流动性太大。相对来说，我们给员工的福利还是比较好的，一线员工的流动率比较低。之前生意好的时候，都有绩效奖励，虽然今年生意不太好，但他们平时也有一些提成，再加上我们给员工住宿这方面安排得也比较好，小区里空调、热水器都有，生活很方便。而且在我们这边干，经理这种中层管理人员都是由内部提升的，不可能在外面招聘，要给员工们升迁的机会。要是都从外面招聘的话，就太打击一线员工了，他们会觉得在这儿干没有希望。

我经常给经理们说，你们只给员工培训一些技能的知识，思想方面的就让我给他们讲。90后的小孩不好管理，因为他们都是独生子。比如，一个包间，客人走得很早，他们收拾完了不给别人帮忙，就在那儿等着打卡下班，你去说他们才去。不像我们那时候，想着把这个活干完，赶紧去干其他活儿，他们没有这种思想。现在有的员工辞职，是因为你对他不热情，或者他师傅哪点对他不好，立马就不干了，这个就很难管理。和以前不同，现在不能用死制度去管人，要灵活，有时候要开导他们，要给他们说好听的，要哄。不像以前说“干不干，不干就走！”现在不能说这个了，你一说这个立马就走了。批评员工要掌握好度，不能直接就说你今天哪儿做得不对，你看你这桌子没擦干净，给你开个罚单。我说罚有很多种，不一定要罚钱嘛，可以扣他假，他可能更舍不得。他可能觉得我这个月只有四天的假，一罚就只剩三天了。你可以让他们加班，比如说是今天值班，那你今天做错了你留下，你不要老开个罚单让他们签字。

我对经理层也是这样管理的，被罚的人会说，李总今天我错了，能不能罚我 50 块钱现金，不要开罚单，太丢人了。我说不行，要么就扣假，你看行不。他说那还是罚我钱吧。因为年轻人嘛，毕竟想休息，要出去逛街呀。我也是从基层干起的，所以很了解服务员心里想什么，领导不在的时候就想偷懒，能不干就不干。比如，客人吃海鲜，要堆满了，他就想等会儿全吃完再换，能少洗几个盘子，有这种思想的很多。比如说烟灰缸，你规定三个烟头的时候换，他非要等到烟头很满的时候再去换，小孩儿都是这样子的。在服务上没有像我们以前那样主动了。

现在的孩子是很难管。我经常在聊天的时候问他们在家里干活不，他们基本都说不干。所以我和他们经理说，你们不能要求他们怎么样，他可能在家里连杯子都没洗过，首先你要给他们讲怎么才能洗干净，这是最主要的。那种大杯子，员工经常擦不干净，我问你们有没有教给员工怎么擦啊？就因为他们没有掌握那个技巧，所以他擦不干净，这是因为没有经过任何培训呀！我们暑假有时招一些学生，学生什么都没做过，你要给他讲呀，你不能说他洗杯子的时候，把杯子打了要他赔，这一个八九十块钱你让他赔？那我想问一下，当时他来的时候，你有没有告诉他怎么去洗？如果没有，那就是你管理层的问题，不能把初始责任加在员工头上。

采访手记

一个自己心仪的环境,一份自己喜欢的事业,在曲江工作就是一个筑梦的过程。不论梦想的大小,曲江都为梦想的实现提供了最佳的环境和平台。也许在外人的眼中,曲江是一处钢筋混凝土的丛林;但是对于生活在曲江中的人来说,曲江是一个有血有肉、有灵气的地方。

曲江不再是一个几何形态上的空间,正在成为可供解读和分析的文本①。在曲江发展的过程中,曲江所呈现出的变化主要体现在两个层面:其一是文化对于空间的建构与塑造作用②,其关键在于人们主体性经验的融入,使空间变为地方③,文化使空间从空洞变得有意义,并通过与环境的互动不断地对空间进行诠释与重构;其二是曲江中的景观与社会关系的塑造和重构也使其成为了城市的象征性空间。从新文化地理学的视角分析,象征的过程就在于将意义从即时的社会情景中解放出来,通过空间的承载,成为一种"文化实体"。象征性则是在空间上对于社会与文化意义的构建,象征的体验者、象征意义本身以及被象征化的实体在地理上形成了一种"意义场",而空间与景观的象征构建即是鲜活的人类生活与环境不断作用的结果④。

---

① 朱竑等:《空间象征性意义的研究进展与启示》,《地理科学进展》,2010 年第 6 期。

② 周尚意:《英美文化研究与新文化地理学》,《地理学报》,2004 年增刊。

③ 白凯:《自我叙事式解读回族宗教活动空间的意义》,《地理学报》,2012 年第 12 期。

④ Backhaus G., Introduction I: The Problematic of Grounding the Significance of Symbolic Landscape. //:Backhaus G, Murungi J. *Symbolic Landscape*. Dordrecht: Springer Netherlands, 2009.

不论是曲江旅游还是曲江地产，这些曾经被人误解的城市载体，正在成为西安的符号和标志。对于局内人来说，曲江就是西安一处最美的地方，一处代表着时尚、娱乐、休闲的城市名片。然而回到对梦想的解读，“曲江梦”或许也是对“中国梦”的解读与呈现。

我明年要考上大学

本文故事描述的赵先生，18岁，高考失利后在大雁塔广场从事保安工作，采访地点在大雁塔南广场，时间为2013年7月21日17点到19点之间。

我今年18岁，在大雁塔南广场当临时工，每天的工作就是看管这个区域，不让游客胡乱停放自行车，维持一下这里的秩序。因为公司的安排，有时也会被抽调到其他地方执勤，工资基本是一天一结，平时也没什么休假。

每天从早到晚忙忙碌碌，看起来自己很充实，但是内心总感觉空空的，有时候也问自己"我就要这么(活)下去吗?"却没有人能回答我。

高考失利之后

说到我现在的工作，就不得不提起今年高考的失利。我从小在农村长大，要改变命运的唯一方法就是上大学。村里人都明白"只有考上大学，将来才能有出息"，爸妈也都盼着我能考上大学。三年的高中生活，我没有一丝松懈，村里人都说我"这娃能行，能念书，将来能有大出息"，我也坚信自己一定可以做到。可是等到高考成绩出来那天，我哭了，哭得稀里哗啦，哭得不知所措。我一共才考了400多分，老师对我爸妈说:"娃发挥失常，明年再试试，肯定没问题。”爸妈也是这么劝我的，可是我却不得不开始怀疑自己。

家里本来就不宽裕，借钱去上个三本是不可能的，我自己也丢不起这人。每天脑子里想的都是，以后该咋办，以后的出路是啥。那段时间，我常跟自己说：“也许咱就没那命吧。”就这样，我学会了逃避。

出门见识见识

我有个从小玩到大的朋友叫虎子，他在西安打工，听说我考得不好，专门跑回来安慰我。他先是老练地点上一根烟，然后咧着嘴对我笑着说：“要不跟我一起打工去吧，出去见见世面，还能赚些钱，先别想这些破事儿了，越想越烦，出去之后肯定会有更好的出路。”后来我跟家里商量了一下，爸妈死活不同意，让我听老师的话再考一年，但是他们根本不知道我的感受。对我来说，复习一年的压力太大，万一还考不上呢？想想我就崩溃。于是我偷偷跟着虎子跑出了咸阳，来到了西安。虎子带着我来到他哥打工的地方，也就是我现在工作的保安公司。

因为有虎子他哥的照顾，我没有被安排夜班，每天白天工作 8 个小时，早上 7 点多上班，下午 5 点下班，中午休息 2 个小时。以前和同学来过大雁塔，但现在发现这里变化特别大，跟我印象中的都不太一样了。这里有繁华的大唐不夜城、网上说的 DQ，还有卖几千块钱一双鞋的五环商店和琳琅满目的商厦。身处西安，感觉自己是那么渺小，好像已经被世界抛弃了，看着那么多美好的东西，却和自己都没有一点关系。

后来大概是习惯了这种车水马龙的环境，那种情绪慢慢地淡化了，高考失利的沮丧都被自己有意无意地压在了心底。

上班时间大多都很无聊。有时候大爷和大妈想把自行车停在这儿，那是肯定不行的，如果被主管发现是要罚钱的。大多数人在我解释之后，会把车子骑走，但也会碰到耍无赖的人，怎么说都没用。一次一个中年男子想把自行车停在这里，我第一时间上去制止，并且按照培训时教的礼仪用语对他说："先生，不好意思，这里是不可以停放自行车的。"我话还没说完，他就对我嚷："你一个小娃，管得倒宽，我就停了你能咋？我投诉你都是轻的！"我平时是一个比较内向的人，但是当时还是被他气得火冒三丈，心想城里怎么也有这么没素质的人啊，之后我赶紧用对讲机呼叫主管，主管过来之后，先礼后兵，三下五除二就把他赶走了，还语重心长地对我说："你刚来，以后有什么处理不了的事就告诉我，慢慢学，这保安的学问大得很。"

工作上有这些大哥们的帮助，也没出什么乱子。下班之后就和虎子回宿舍吃碗面，偶尔晚上到路边摊吃个夜宵，日子就这么过着。可是在这儿待的时间越长，就越觉得自己的生活和城里人相差甚远，越觉得自己和周围格格不入，越觉得自己不属于这里。那种自卑感不断膨胀，不断地折磨着我。

天幕和刘若英演唱会

一天中午，虎子神秘地对我说："下班之后别走那么急，晚上我带你去看个好东西。”那天晚上我们在约定的南广场碰头，虎子带着我来到广场的西边，说：“就在这儿等着，一会儿就有好看的了。”虎子刚说完，大楼的棚顶像放电影一样出现一个超级大的屏幕，还有很美妙的配乐，周围的人都仰着头，欣赏那绚丽的画面。我和虎子完全被它的神奇所吸引，等到放完一遍之后，虎子一边用手按摩脖子一边抱怨道：“这城里人也不知道咋想的，把这么好的东西放在房顶，看得脖子多难受啊。”我瞥了虎子一眼说：“你懂啥，这就叫震撼！不过这离咱工作的地方这么近，我咋都没发现？”虎子咧着嘴笑着说：“这边好玩的东西多着呢，你一下班就往回跑，跟奔丧似的，当然什么都不知道了。”

后来从虎子他哥那儿才知道那个东西叫作“天幕”，它真的太壮观了，给我一种无法触摸到的梦幻般的感觉，它给了我高考失利后第一次的热血沸腾。

曲江带给我的震撼还挺多的。前阵子通知说刘若英要来我们这儿，我被临时抽调过去当保安。刘若英可是大明星啊！我从小到大见过最大的官就是高中时来我们学校开会的教育局局长，所以心里还是挺激动的。虎子羡慕地对我说：“一定帮我要个签名啊，千万别忘了！”当天人特别多，我被安排在台下维持现场秩序，防止歌迷冲上台，自然是没机会要签名了，不过能看见大明星刘若英，也算没白忙活。她和电视上长得一模一样，台下的粉丝都在疯狂地尖叫。一回去，虎子就凑到我跟前，跟个急猴子似的问我：“咋样，要到没？”我只能摇摇头。虎子一下子就跟泄了气的皮球，叹了口气道：“我媳妇没了！”原来他正在追一个女娃，还答应帮人家要一个刘若英的签名。

你这样子能看懂啥书

每天有虎子的陪伴，倒也有不少乐趣，但是心底的困惑依然没有找到答案。下班的路上有一家书店，每天路过都情不自禁地走进去，看着一本本高考辅导书，心里就越发难受，也不断拷问自己：我真的要一辈子当保安吗？我的高考，我的大学，真的就完了吗？虎子看我纠结的样子，抿着嘴说："要不你再回去试一次，反正就算考不上，再出来和我一块儿当保安就是了。"然后我就骂他："你懂啥，考不上多丢人啊！谁都和你一样脸皮那么厚。"虎子把嘴一咧，露出两排黄牙，说道："要是你考上了，就可以给我介绍女朋友了。"没办法，这家伙总是能把我说得哑口无言。

后来发生的一件事，终于让我下定决心重新高考。

那天我像往常一样走在下班的路上，因为下午被叫去仓库搬箱子，所以弄得自己灰头土脸的。路过那个每天让我徘徊的书店，我犹豫了一下，还是走了进去。老板娘看到我之后，冲我喊道："每天都来，一本也不买，看你这样子能看懂啥书？"我低下头装作没有听见，刚要伸手去拿一本，老板娘接着说道："你看看你脏的，别碰我们家书！"这句话就像根刺一样扎在了我的心窝上，我艰难地抬起头看着她，用尽全身的力气对她说："这些书我都能看懂，你不要瞧不起人。"在老板娘的骂声中，我跑了出去。回到宿舍之后我哭了，如同一个月前看到高考成绩一样。但是哭过之后，我明白了一个道理：如果想要别人看得起你，自己首先要看得起自己。当天晚上，我带着钱来到那家书店，挑了厚厚的一摞书，在老板娘的注视下，我付了钱，临走的时候我对她说："考上大学之后，我还会来你这里买书，因为我要感谢你。"现在想来，她肯定把我当成神经病了。

从那以后，我白天有空的时候看书，中午吃完饭看书，晚上下班之后还是看书，慢慢地我找到了读书的乐趣和从前的信心。后来我给家里打了个电话，告诉了爸妈我的决定。电话里妈哭了，但是我能听出那哭声里有安慰，也有心疼。爸对我说："娃，要像个男人，可别像你爸我，一辈子窝在咱村。从小你婆就说，你将来能有大出息，你婆的话可准嘞！"那天我没哭，因为我知道哭是解决不了任何问题的。

第二天，我请了一天的假，准备回家看看爷爷奶奶。虎子陪我去钟楼买了酱牛肉还有柿子饼，回来的路上我问他："虎子，你将来想干啥？要当一辈子保安么？"虎子仍旧是咧嘴一笑："保安有啥不好，我现在有吃有穿，等我混上主管，一个月能赚 4000 块，到时候回去让我妈给我说个媳妇。"没等他说完，我就打断了他："行，等你结婚的时候，我一定给你包个大红包。"看着虎子，那一刻我是心酸的，他没有多么聪明，更没有什么高尚的理想，但是他却改变了我的生活，我由衷地感谢他。

回去的时候我去了地铁站，那是我第一次坐地铁，心里很紧张。我告诉自己：一定要镇定，跟着人群，别人怎么做我就怎么做。于是我跟着别人走到了检票口，看见大家都拿着一张小卡片刷一下，就自动进去了，我赶紧四处寻找卖票的地方。这个时候一个长得特别漂亮的大姐朝我走了过来，对我说："小伙子，在这边有自动售票机。"当时我就愣住了，感觉脸烧得很，于是赶紧让自己冷静。她好像是知道了一切，亲自给我买了票，询问我要去什么地方，给我说明了一切。那一刻我感觉她就是天使，在心里想：将来就找个这么漂亮的女朋友。

回到村里之后，给爷爷奶奶提了一大堆吃的用的，奶奶说我孝顺，又唠叨着我将来一定能有大出息，晚上吃过妈妈做的一大碗油泼面，就急匆匆地赶回来了。心里想着要利用假期这段时间，在外面赚点钱补贴家用，也能多见见世面，而且下班之后还可以看书复习。

去大学城转转

为了增长见识，我决定利用下班时间去附近的大学城转转。高中的时候听说大学是自由的，可以随意出入，不过还不确定。于是我怀着忐忑的心情，开始了"我的大学之旅"。

第一次去的时候，我换了一身干净衣服，镇定地对着镜子说："你是一个大学生。”之前我已经打探好了，离我这儿最近的是陕西师范大学，那儿有整个西北高校最大的图书馆，所以我把第一站的目标定在了那里。坐车过了马路就到了师大路，给我的第一感觉是人多，路上到处都是学生，有的独自从我身边走过，有的成群结伴说笑打闹，让我很是羡慕。路旁还有很多小吃：烤面筋、糖葫芦、肉夹馍、凉皮等等。路过大门的时候，我看到一个和我一样年轻的保安，我忐忑地向前走，目视前方，直到走进大门有 50 米才放下心。这才开始仔细地打量起校园，一棵棵大树把整条道路的上空都遮掩起来，我没有感觉到一丝压抑，反而觉得空气都很好闻。我几乎走遍了整个校园，看见了一个超级大的足球场，上面都是草坪，周围有塑胶跑道围绕着，还有篮球场、乒乓球场、羽毛球场、很多很多的教学楼，比我们高中教学楼漂亮得多。后来我鼓起勇气向一个男生问道：“你好，图书馆怎么走啊？”他扶了扶眼镜打量了我一下，回答：“你是新校区的吧？前面左拐，有一个假山，正对面就是图书馆。”我连忙道谢，心想原来还有另外一个校区，真的大啊！

到了图书馆之后，我就被这古朴的建筑所吸引，估计有几十年的历史了。走进去才发现，这里和地铁站一样是要刷卡才能进的。正在我进退两难的时候，一位阿姨走了过来对我说：“没带卡？学生证带了没？”我急忙说：“忘带了。”估计当时我的脸肯定已经红透了，可能也正是因为这个原因反而让她没有怀疑我，她对我说：“来登记下你的专业和学号，就可以进去了。”于是我跟了过去，拿起笔照着前面的记录胡乱编了一通，最终蒙混了进来。现在回想起来，还真有点儿后怕。走进图书馆，感觉好像与世隔绝了一样，用两个字来形容——安静，每一个人都在认真看书，有的在奋笔疾书，甚至能听见教室里回响着的沙沙声。从自习室出来，我来到了藏书室，一排排的架子上整齐地摆满了书，走在回廊里能闻到扑面而来的书香味。我闭着眼睛慢慢地走着，感觉一切都那么美好。

那天离开师大的时候，已经是晚上 9 点多了。路上依旧是人来人往，很多人都是匆匆地赶回校园。虽然有一种逆道而行的孤独感，但是那一刻我更多地感受到逆流而上的勇敢和坚毅，心里也逐渐充实了起来。后来我又去了西安交通大学、长安大学、西北大学，走在这些大学的校园里，让我离自己的梦很近，那个疑问也最终消失。我知道我一定要考上大学，实现自己这个梦想。

因为离得近，我下班后就去陕师大的自习室复习，在自习室还发生了很多有趣的故事。有一次，拉开自习室的门时，我被里面的人给惊呆了，一对情侣正在Kiss，当时我尴尬地赶紧跑开。后来回头一想，应该是他俩跑开才对。还有一次，一个大哥过来跟我借笔，看见我在做高考数学题，就对我笑着说："哥们，学数学的？要毕业了吧？准备去哪儿教书啊？"这些小事儿也给我平淡枯燥的生活添了很多乐趣。

快要开学了，再过几天我就准备回学校。无论是虎子的陪伴、在大雁塔当保安的经历，还是曲江天幕的震撼、刘若英的那首《后来》，又或是"我的大学之旅"，都让我逐渐找到了我的目标，找到了实现梦想的道路。我知道我是幸运的，我打心里感激这段日子里的一切，尽管现在我还不属于这里，尽管这条路会很难走，但我终于明白了我想要的是什么，并且我会为此坚持不懈。

采访手记

"外面的世界很精彩，外面的世界很无奈……"在异乡中，我们常常会有这样的思考：我是谁？我在哪里？我要的是什么？当我们来到了一个陌生的地方，孤独与徘徊总是前行道路上的牵绊。但只要梦想依旧在，生活便是彩色的。

曲江是开放的，因为它欢迎来自各方的朋友；但曲江也是残忍的，因为优胜劣汰、适者生存。如何在曲江这片土地中寻找自己？我想答案便是地方与身份认同。在人文主义地理学的语境中，地方被定义为一种“感知的价值中心”，以及社会与文化意义的载体[①]。地方构成了个人或社会群体身份的一部分[②]，因此地方的意义总是与个人或社会群体身份认同的建构相联系。身份认同是个人在特定的社会文化语境中逐步确定自己在这一社会文化秩序中的个体角色，从而形成完整的自我认知与自我定义；而地方认同则是对某个地方作为社会角色自我感知的一部分的认知，通过地方的意义来形成对个人或社会群体文化与身份的认同[③]。因此，在一个新的环境中，建构地方与身份的双重认同就显得尤为重要。因为认同不仅是融入地方的基础，而且是在新地方中实现梦想的前提。

有时候，生活就是要在一个地方走进去、走出来，在这个过程中体验世间百味，人情冷暖，在建构地方中建构自我。

---

① 朱竑等：《城市空间变迁背景下的地方感知与身份认同研究——以广州小洲村为例》，《地理科学》，2012 年第 1 期。

② Soja E., *Postmodern Geographies: The Reassertion of Space in Critical Social Theory*. London: Verso, 1989.

③ 同①。

归　属

行走在唐诗之上

本文故事描述的杨先生，30余岁，在西安广电中心从事节目主持人工作，采访地点在曲江池遗址公园附近的一家咖啡厅，时间为2013年7月23日15点到17点之间。

他住联排别墅

2008年我住在曲江，工作在陕西省广播电台，大概在电台工作了12年。2010年的时候，有机会去了我向往的深圳，在那儿待了一年，因为那里房价过高，我就回来了，现在在西安市广播电视台工作。

有一个深圳的朋友想到西安来旅游，于是她就从深圳自驾到西安，一路游玩沿途各个城市。她要去兵马俑，那边不能开车，就把车停在电视台，免费停放了七天，临走时感谢了我一番。回去之后，一个朋友打电话跟我聊，说："你给小阳（深圳电视台的一个DJ，是他们那儿的一个首席主播）刺激什么了？"我说："我没刺激她啊！"他说："小阳回来以后就跟我们说，你们知道小杨为什么不留在深圳要回老家？人家住的那个地方，那个居住环境，我都打听过了，就是西安的富人区。"其实，我们家是在翠竹园，对面是联排别墅，我出来的时候，正好跟另外一个朋友谈完事，从联排别墅那边拐了个弯，她就觉得我是从联排别墅出来的，就以为我住townhouse。联排别墅的环境那么好，要是她，她也不愿意在深圳待啊。深圳是发展了30年，遇上改革开放的这个机遇，但它现在也遇到了瓶颈，人口激增1400万。

根植在陕西

对于陕西这边的人来讲，最起码要有一种文化认同感。就是你到其他城市去，你可能会觉得，你讲的话，你的思想以及一些理念，没有人能够理解，所以当时我觉得还是要回到陕西。在西安这样的一片土壤之上，有一种归属感，就是我在群里，我真正很有安全感。因为人具有社会性，有时候我们会单独去一个城市，但是在这个城市中会失去安全感，原因在哪儿？因为缺乏对这个陌生城市的认同。在曲江这个环境中，我有一种归属感和认同感。为什么四面八方的人都到这儿，曲江都开始堵车了，人还往这儿涌啊？就是因为认同，那么认同是什么？就是对周秦汉唐文化的喜欢与热爱。像贞观广场这种建筑，有种古香古色、恢弘的感觉，让人们从内心深处有一种重拾十三朝古都的愿望。我个人认为，西安有种属于比较低调的奢华。

我觉得在体现本地文化的产品上，目前遇到了一些问题，比如说一些演出、一些文化项目非常难做，应该怎么样去发展是值得我们深思的。我们的文化极具地方特点，如何拿得出去，如何像一些大城市那样，使文化产生利润，产生盈利增长点，这是我们需要思考的。因为只有这样它才能立足于本地，向外发展，才能壮大，才能有一定的自我发展空间。这是一个比较大的课题，很多人都在聊这个，但是现在都很困惑，没有一个比较好的答案。

现在社会上比较质疑的是曲江模式，很多报纸、文章都在说。比如法门寺，它的运营并不成功，很多人都在研究这到底是为什么。我看一篇文章中有句话写得特别到位，“你可以在这儿买地，你可以在这儿去发展、去建设，但是你想让我花钱买这边的房子，让我住在这儿，没门儿！”法门寺那边确实就碰到这样一个问题，但是曲江我觉得没问题，因为它属于西安。西安人有一个认同，“我是西安人”这种心理认同，就是群落的归属感，非常重要。

实际上很多市民在曲江的发展中是受益的。曲江辐射得比较远，包括北郊、东郊，那儿的居民都跑到南湖来遛弯儿。他们从曲江的发展中都得到了好处，也都在这里找到了自己的归属感。包括很多人到西安来，就说：“咱吃个饭吧”，那就是到南郊，“到哪儿？”“就银泰城吧。”我们经常会在那儿吃饭，虽然是个很小的 shopping mall[①]，但是我觉得这个 shopping mall 的发展确实挺快。你看它从建成到现在，吃饭经常需要排队。

排队吃肉夹馍

我在曲江居住，觉得仍有一些便民方面的商业没有发展起来。比如早上要吃个早餐，就很郁闷，我得开着车到翠华路那边，这边基本上见不到几个早餐的摊点。哪怕有个比较集中的早市，让大家在那儿吃早餐也行。本来这是旅游区，旅游区应该没有这样的东西，但是住在这儿的居民，就很头疼，包括我们这儿买东西，买菜啊什么的都不方便。原来我在药王洞那边住的时候，就相对比较方便，想吃什么东西下了楼就可以，要个砂锅，要上几串烤肉，我能享受到那种更加草根的生活状态。

但是住在曲江你就得端着[②]，每天吃饭你都得端着。包括我现在带孩子吃饭，中午我俩就商量，吃啥呢？儿子说：“爸爸我不知道吃啥，啥都没有。”我家门口有一家卖肉夹馍的，他家的东西如果拿到市里去卖，估计放半年都没人吃，因为味道确实不好。但是我们这儿没有别的！他家只要一

---

① shopping mall：商城。

② 陕西话，就是作势，拿着架子。

开门，呵！院子里那大爷大妈，还有附近一些打工的，每天都得排着队等。我一看就郁闷，吃个肉夹馍还要排队，划得来吗？我就掉个头，到处找。后来，“还是回家吧，家里冰箱我记得还有一客牛排，煎了。”有时候我们就这样解决问题。我们家冰箱里总是放得很满，最后发现有些菜想起来吃的时候就得扔了。我觉得曲江在生活便利程度上相对差一些，可以增加一些规模较小的方便居民生活的便民店。

感觉有点凄楚

在文化氛围营造上，我比较喜欢深圳。深圳有一个书城，后面是一个广场，能看见很多卖艺的歌手，唱得非常好，旁边围一群人。深圳市政府批了这一片地，允许任何人在这儿卖艺，城管及其他管理部门不能干涉。你可以坐在旁边的凳子上，慢慢地听弹吉他，那种感觉特别好。这个广场也是深圳唯一可以允许街头卖艺的地方，非常有特色。西安现在建了一些很宏伟的标志性景物、景观，建得古色古香，人们从心理上容易找到认同感。但是这种人文方面的建设，可能还需要更多的投入，就是让大家走在街头的时候，就能感受到这种文化。也不一定非得是陕西的，我觉得来自全国各地的文化现象，都可以。那边有一个百戏楼，有时候我去看他们彩排，天那么热，底下没几个人，说句实在话，有点凄楚的感觉。这个地方能不能不要把它弄成一个大戏，可以引入一些个人的，哪怕就是街头行为艺术，就一个人，然后在这一个地方形成一个焦点。很多人想要做一个大的(项目)，其实你把它切开，洒在各个地方，可能也会有一些效果。但是每个城市文化现象不一样，西安很多的老百姓，过去土话叫“家娃”，时尚点儿说是宅男，他更愿意宅在家里，他的活动范围就是以他的居住区为圆心，向四周扩散，有人说3～5公里，我看最多3公里。这样的区域可以做一些建筑、做一些设计、做一些文化点缀之类的，提升区域的文化内涵。

更喜欢闹中取静的感觉

这儿唯一的好处就是房价挺好的。2003 年我买房的时候两千多块钱，当时这儿啥都没有，好像也没有搞规划，都是野地。那时我算是亲朋中唯一在这儿买房的人，买它的原因是什么？离家近，离单位近。那会儿在省台那边上班(八里村)，住在北郊药王洞，每天上班得穿一条中轴线，从南到北，开车得 40 分钟(不堵车的情况下)，很难走，所以干脆就住这儿吧，也是误打误撞。很多人问我，你多少钱买的房，听到我这个价钱后，吃惊得眼珠子都快掉地上了。

我家这边儿现在房价得一万了。我当时也没想到这儿能发展成这样，就想着上班离家近。这比我从城北过来方便太多了，当时这儿挺好的，一辆车都没有。

曲江现在确实发展起来了，发展得很快，不过对我们小区没有多大影响，我们小区仍然很清静的。我们那个小区是四个单位合盖的楼，没有被别的楼围起来，而且老头老太太居多，非常清静。所以我每次回家的时候，就有一种养老的感觉。但我有一个住在旁边另一个小区的朋友，他的感觉和我很不一样，说旁边的轻轨吵得很。可我觉得一点都不吵，我更喜欢家旁边有个轻轨，有点儿闹中取静的感觉，比纯粹的安静更有感觉。我们小区的大妈们早上六点多就在门口广场开始活动，我也觉得挺好的。

我住这儿，从居住环境来说是个很好的提升。我以前住在药王洞，是个很老的社区，下去玩的地方都没有，两栋楼之间有个走道，还要过车。小区旁边刚好有一个家属院，它们中间有个广场，就是四栋楼中间留了那么一块儿空地，要是按现在的面积就是门口这一块，用陕西话说就是屁大一点儿地方。小区保安还把那地方管得很严，小孩进的话，“你是哪儿的？你不是我们单位的，你不能在这儿玩！”我们家孩子就很郁闷，被人家给请了出来。其实孩子就想在院子里跟其他小朋友玩，骑个自行车什么的。现在搬到曲江之后，我家门口有一个很大的广场，比原来那几栋楼之间的空地大几十倍，这么大地方还不够他玩，满院子跑，跑出我们院子，跑去兰亭，一直都到了秦二世墓那边。都是十岁孩子，五六个人，骑着自行车，一路就飙车过去。有的家长担心治安问题，我倒觉得没什么担心，还可以。

我上班都是走路，有时候到单位之后还有其他事儿，要去三四个地方就开车，从我家走过来 15 分钟是标准速度。道路两旁绿化带种了好多花儿，风铃、蝴蝶、还有一些雏菊。我是比较喜欢雏菊的，秋天的时候特别好看，那时我走过来，得 25 分钟左右。春天的樱花，那花瓣儿“哗”地一下下来，我就拿着手机拍。走在路上还能看到很多遛狗的、跑步的，觉得生活很惬意。

原来我在城里就没法养狗，就两个车道，狗一会儿不见，就有可能被不认识的人家给红烧了。搁这边，满院子跑，跑丢了也不怕，我给狗做了一个 GPS 卫星定位，手机里有个软件，跑哪儿了，一看就知道，每天在找狗的过程中也有很多乐趣。

以前那些楼都没有这么高的，那时候都 12 层，现在的楼越盖越高，规划的理念改变了。以前有个规定，不让盖超过小高层的楼，后来的容积率是越来越大。我们容积率都是一点几，现在是二。现在有些开发早的小区都被后开发的小区给包围了，就像南湖一样被围起来。但是我们小区还可以，不受影响。我们这边是雁南五路，那边就是三环，两头就掐住，我对居住环境还是相当满意的。

我们小区入住率大概 90%。我不知道别的小区怎么样，我们小区物业费不高，160 元左右，一个月一平方米一块钱。各种费用包括暖气费，平均下来得每个月两千块，一年基本上就是两万块，可以接受。至于邻居们，比较多样化，因为曲江现在发展起来了，形形色色的人都有。但是我跟他们交流机会少，平时特别忙，跟邻里基本上也不怎么玩。楼下老头老太比较多，他们有自发的那种娱乐，像我父母亲早上起来，就在那个树下，把摊儿一支，就开始搓麻将了，自娱自乐。晚上我们那儿一群大姐，跳这种或者那种舞锻炼一下，天天如此。

我们在这儿工作，环境确实挺好的。我们有些主持人，早上来了就绕着南湖跑一圈，锻炼身体。不过这儿停车倒是个大问题，原来路边这些车位，随便停的，也没多少车。现在去银泰城吃饭的时候，光等车位了。

哟，你这儿不错啊

曲江新区让我在很多外地朋友面前，挺有面子的。以前他们感觉西安这样的地方，在西北地区，还能咋样？现在傻了吧？周秦汉唐的时候就是这个样子，还有更多你们没见过的东西。我就给他们讲周秦汉唐，可能我也就是懂得多一点儿，让他们感觉我能给他们讲出很多东西。包括那边下棋的老头儿，都能讲出很多道儿来，我是比较喜欢这种感觉。

那边有个吟诗墙，一圈圈的，里边有很多古诗词，刻在那个石板上，有种在文字之上行走的感觉。我就告诉他们，我们那儿地上写的都是诗，在诗上行走。以前他们没听懂，来了之后才理解，满地都是诗。这个是李白

的，那个是白居易的，有的字都认不全。“燕雀安知鸿号之志”，那念“鹄”！这种自豪感就油然而生。当然这里记录了西安这么多年的文化积淀，在他们眼中，这是一种既传统又很时尚的表达方式。这种感觉特别好，让居住在这儿的人有一种优越感，其实这种优越感就是一种感情的表达。他一看，“哟，你这儿不错啊！”要的就是这句话，你这儿不错，你过得不错，你生活环境不错，就 OK 了。我就这么把深圳的朋友给刺激着了，朋友常说：“难怪人家回去呢，人家那儿多好啊。”深圳那边有个特点，有很多人到深圳拼闯，因为原来生活得不好，拼闯了之后呢，把家里人接到深圳去，一线城市，家里人就觉得特别好。但是我们西安人本身就觉得，我们这儿，十三朝的皇城！哪儿能比这儿好？我们去深圳也就是出出差，待上几天，就那地方，房价还要五万块钱一平方米！你就觉得把这钱掏了，特别不值，非常地冤。香港更可怕，深圳卖五万块钱，它也卖五万块钱，但它是一平方尺，就是这么大一块儿，九个平方尺等于一个平方米，就是四十五万，这钱都捐给开发商了。要是在西安的话会有更好的品质。

有人说，曲江模式是靠房地产撑起来的，能否复制，后期的发展如何，大家都在质疑。从房地产开发来讲，确实功不可没。但后续怎么发展，大家都在期待，不应该老打房地产的牌。

深圳没有什么文化效应，但是那儿倒是会经常办一些文化展览、文化比赛之类的，全国各地的都去。他们的形式、文化创意特别好，我们可能在这方面还需要向他们学习。学好之后，再加上一些我们原有的东西，就可以走向全国了。

我在深圳的时候参加过文博会，那时候曲江在那儿还有一个展位，全国各地去的单位特别多。我们是不是也应该像深圳学习，把全国各地的会往这边引？另外，鼓励和奖励创意，像深圳市政府在电视上搞了一个短片创意大赛，电台上弄一个公益广告创意大赛等。那个奖金还挺高的，一等奖是十万块钱，二、三等奖是五万、三万。当时我就给省台的一些朋友说，奖挺好拿的，看他们那些得奖作品其实也很一般，你们也写几个吧。结果他们第一年参加就拿了一个金奖、两个银奖，还有几个铜奖。这说明我们的创意还是不错的，就是缺乏平台。而且西安人的心态总是觉得自己这儿不错，这个姿态是需要调整的。就好比你家米缸里本来就有米，你还觉得自己没米，那你的米不就越来越多了？你要老觉得自己家有米，那你的米只会越来越少。西安自己就是满的[①]，放不进去。其实西安有很多地方需要包装，需要平台。但是平台、包装的建立，也是需要时间和经验积累。

曲江现在发展文化产业园区，这也是个不错的平台。我哥们儿的公司就在那儿，他觉得很好。他现在开始做手机的APP，觉得挺有前景，但是他没有把市场放在西安，他的目光是全国。西安的高校比较多，人力资源丰富，他就用这儿的人力资源去做一个全国的东西。他现在也在摸索，还在探索盈利模式。

采访手记

一个地方，一种情感，一次转变，一生归属。曲江的人居环境，曲江的文化底蕴，不仅已经融入居住者的生活中，而且使人们内生出一份属于曲江的归属感和优越感。如果把曲江作为一个满足人们普遍情感联系的地方，那么地方依恋和地方认同则是曲江地方感的有机组成。从段义孚的“恋地情结”到怀特(Wright)的“大地虔诚”，地方感体现的是人在情感上与地方之间的深切连接，一种经过文化和特征改造的特殊的人地关系[②]。曲江作为一个能够使人们产生强烈感情体验的地方[③]，

---

① 陕西话，“骄傲”。

② Tuan Y. F. *Topophilia*: *A Study of Environmental Perception*. Englewood Cliffs, NJ: Prentice-Hall, 1974.

③ Tuan Y. F. *Space and Place*: *The Perspective of Experience*. Minneapolis, MN: Minnesota University Press, 1977.

“家”的概念成为最为关键的元素，正如同滋养生命的母体，当人们在他处奔寻生机时，这里便是内心安身立命之处。随着时间的流动，人对地方的认同在逐渐地沉淀与积累。地方认同加深了个人对环境的熟悉感以及作为局外人的感知[①]，并且带给了人情感上的满足以及产生情感偏好[②]。人对曲江的认同则更为广泛，扎根于唐诗之上的文化认同与基于情感连接的地方认同，二者之间的互动与联系使认同的内涵在不断地演变与重构。

曲江就是这样一个既有特性又有个性的地方，当你生活且根植在曲江时便会发现，心理上的情感依附与满足最终会影响社会层面上身份的建构与认同。从另一个角度而言，曲江的地方感不仅充满了由历史积淀而来的认同感，同时兼具了作为内部人的自我审视和作为外部人的思考与批判，当二者完美统一之时，归属感便成为情感转变的关键词。

---

① Rowles G. D. Place and Personal Identity in Old Age: Observations from Appalachia. *Journal of Environmental Psychology*, 1983, (3).

② Dixon J., Durrheim K. Dislocating Identity: Desegregation and the Transformation of Place. *Journal of Environmental Psychology*, 2004, (24).

儿女让我感到自豪

本文故事描述的隋阿姨，60 余岁，是随儿女从内蒙古迁入曲江的居民，采访地点在曲江某小区隋阿姨家中，时间为 2013 年 8 月 25 日 9 点到 11 点之间。

我今年 60 岁，出生并成长在辽宁铁岭，20 多岁到内蒙古成为一名教师。2010 年来西安之前，我一直生活在内蒙古。我有一个儿子和一个女儿，两个孩子都在西安工作，也在西安成家了。我是为了帮儿子和女儿带孙女和外孙，才与老伴一起来到西安的。我们给儿子在曲江中海观园买了房，我女儿家也在周边社区。

给儿女带孩子

为了赶在我女儿和儿媳妇生孩子之前到西安，2010 年 4 月，还没来得及办理退休手续，我就匆匆来到了西安。小孙女是 6 月 1 日的生日，外孙是 7 月末生的。为了照顾这两个孩子，第一年我都没有回去，退休手续还是第二年才有时间回去补办的。来西安之后，我回内蒙古的次数总共只有三次，每次也是待了几天就回来了。现在在我们社区也认识了一些街坊邻居，这边东北老乡还不少。

来这儿的第一年非常不适应，带孩子累得人心烦，真的，都后悔了！我以前在内蒙古的生活非常惬意，经常爬山、下河游泳、打乒乓球、打羽毛球、跳舞，没事晚上在家绣花。来到子女这里反倒成了全职保姆，还是免费的保姆。我和老伴两个人一月工资七千多块钱，我们在西安的开销也不用孩子们出的。

在曲江买房

为了凑足给儿子在西安买房子的钱，我们来之前就把内蒙古的房子卖掉了。2010 年，刚来西安的时候，我们在吉祥村租房子，2011 年这边的房子交房，就搬过来了。我和老伴跟着儿子住，女儿买的旁边小区的房子，是去年交房的，今年我女儿也搬过来了，这样，我们就都住在一起了。考虑买房那阵儿，有一次我瞎溜达，看到这边的售楼部打的广告非常不错。售楼小姐说，曲江未来可是有极大发展潜力的。我第一次从售楼部回来就非常喜欢这儿的房子，但是没敢跟家里人说，因为那时每平米四千多块钱还真是挺贵的。但考虑到儿子在北京也买不起房，终究还是要在西安买房，我又实在喜欢中海观园的房子，于是我就又去了售楼部一趟，这次他爸爸电话里跟我说，让我自己拿主意。我寻思我们早晚得有自己的房子住，就买了！

交首付的时候，我们老两口手里只有 15 万，我儿子和女儿又给我借了点，算是把首付交上了。我“五一”的时候买的房子，当时房价是四千七百多块钱，到“十一”的时候就已经涨到七千多，现在都涨到八九千块了。前两天我带孙子去中冶玩，中冶的五号楼和九号楼开盘，开盘房价就九千呢。我们小区的环境挺好，虽然住户挺密集，但是挺宽敞的。小区院里边乒乓球、羽毛球、篮球等什么场地都有。他爸爸天天起来就打乒乓球，我要照顾孩子，出不去，也打不上。

我和老伴都是驴友

现在我们老两口的生活还挺有规律的。老伴早晨六点多去打乒乓球，打到七点半。我起来了自己收拾完，做饭，孩子醒了再给孩子收拾一下。吃完饭我要不就上女儿这儿来，或者上儿子那儿去，要不就领着孩子到处溜达。天气凉快的时候，我和老伴一人带一个孩子去唐城墙遗址公园或者南湖，带着小孩转一圈。有时候在外面吃点饭，然后领他们回来，下午就睡觉，一个白天就这么过去了，每天像个游民似的。

西安和内蒙古气候差异很大。内蒙古的天气特极端，我有关节炎、气管炎，内蒙古的冬天一到，我的身体就受不了了，但来西安之后，我这些毛病明显都没有了。在内蒙古我哪敢穿裙子，就中午穿一阵，下午回家就得换裤子，在西安夏天我从早到晚都穿裙子。不过内蒙古虽然冷，但是空气好，每天抬头总能看到蓝天白云。我刚来的时候，总是说西安雾气昭昭，满天都是烟似的，看不见晴天。

要说在这儿习惯不习惯，怎么说呢，两个孩子都在这里，你习惯也得习惯，不习惯也得习惯，强迫自己别有非分之想，想也实现不了。不过我这个“保姆”也不用当多长时间了，今年九月份就下岗不干了。九月份两个孙子上幼儿园，就是早晨下午送和接，我和老伴也就轻松点了。

等我保姆下岗了，我肯定闲不着，我就上老年大学去。我兴趣多，或者去徒步，去秦岭。我和老伴有过一年半的徒步经历呢，走过四五个峪口，这几个地方都走得挺险的。记忆最深刻的是有一次爬山时他们很多人拄着拐杖都上不去，我们两个一直上到最上面，翻过山那边就是另一个省呢。

刚来西安的时候，我们的生活还是挺丰富的，徒步、游泳、早晚跳舞。像中海观园那个小区，居民的业余生活都挺丰富的，早晚院里有跳舞的、打太极拳的和打乒乓球的。我跳的是广场舞，以前跳拉丁舞，现在也没有人跳。后来整天光顾着忙家务，啥舞也不跳了。

不过看孙子长得都挺好，儿女工作也挺上进的，我也就不想啥了，累就累吧，我也没有别的能力帮他们。前天她梁姨还对我说呢：“你家闺女和他哥真有福呀，你这个老妈这么好！”我说你夸我好，那是因为我儿子和女儿好，我才帮他们，要是他们不好，我也不去管他们。梁姨是我在内蒙古的同事，她儿子在长安县的郭杜那块儿，她前段时间也随儿子来到了西安，她来之后，我们几乎是一个礼拜左右就互相见面溜达。前天打电话给她梁姨，问她咋不过来，她说天天熬药治病呢。时代变了，现在是老人跟着孩子跑，不像过去，过去都是孩子长大后回到家乡，回到父母身边，回到从小生活的那个温暖的大家庭。

我们经常去杜陵采摘，摘杏子和李子。那儿的果树林子里啊，杏子和李子成熟之后，落得满地都是，也没人摘，没人捡。吃完果子，剩下的杏核，我总是舍不得丢，我把杏仁一颗颗砸出来，但是我们家没有人吃，就是做成咸菜也没有人吃。我们出门有时候开车，有时候坐公交车，去年我们去杜陵采野果就是坐公交车。杜陵那儿有点远，不过坐公交车好去。走路不太远，也就一个多小时，我走一整天的路都没有什么问题。

给你推荐两个楼盘

我知道曲江有一期和二期，我们这里被归为一期，二期包括文化产业园。杜陵上边都是曲江的二期，一直到雁鸣湖。那个地方真好，漫山遍野的都是柿子。我以前自己进山采蘑菇、松茸什么的，都是自己采，知道有这么个可以采柿子的地方，今年柿子成熟的时候，我总和几个邻居一起过来。

都说曲江是富人区，住在这边的人收入都比较高。这里陕北人多，有神木的、延安的。小区里有一整栋楼都是一个延安人买的。我们住的那个单元自16层以上都是一个人买的，楼下的商铺，连续9个都是一个人买的。咱们买房子都是贷款，连首付还要东拼西凑，买这一套已经累得够呛了，从没想过再换一套房子。

这边陕北人挺多的，跟他们没太深的接触，平时一个楼道也就是点头打招呼。我们楼上有一个四十多岁的陕北女人怀孕了，她是老师。她家里大孩子已经在曲江一中上高一了，真想不明白她为什么一定想要两个孩子，用心培养一个孩子，自己生活也自在，活得也开心。

有人说，住在曲江就是高品质的生活。但是我觉得住在曲江的很多人情趣不是很浓，他们还有些懒惰。很多人都不想自己找些事去做，也许是他们的条件也到那个地步了（不需要做）。我闲不住，我寻思等孙子大了，上个老年大学有点业余生活。不行就做点小买卖，或者做家教。我闺女什么也不想让我干，就想让我去旅游，光旅游那得花多少钱呢？一个地方知道个代表性的地方就行了，咱也不是特意搞旅游的。

我要不是看孩子，我有的是事做，晚上去跳舞、唱歌，干啥都行！没退休的时候还准备骑自行车周游中国呢，我想象着从内蒙古出发，到呼和浩特，然后到西安，到沈阳，骑车走半年或者一年。现在岁数大了，身体也不太好了，也没时间。退休之前我参加了一个自行车协会，我在协会里面有六七个不错的朋友，有时间我们总去骑行，有时候能骑一百多里地呢。

现在我每天的工作就是带孩子了，每天带着孩子去各个楼盘转一转。带孩子去售楼部玩，因为各售楼部都有玩的。中冶隔几天去一次，中铁那里供小孩玩的地方大，还有很多吃的、喝的，观山阅、紫薇、永和坊等，108坊都去过（笑）。

你要是在曲江买房，我就给你推荐两个：一个是中铁，一个是中冶。中冶的居住密度低，2.4的容积率，绿化率60％，高层有24层、18层、15层，还有11层，小院特好。中铁有太阳能取暖，太阳能热水器，24小时热水，是国企的房。中铁的活动场地还特好，有很多瀑布，中冶的房子每平方米9000元，中铁在7000～9000元之间，楼间距挺好，不挡光，院里绿化也不错。我对周围楼盘特熟，以前没有买这个楼的时候，天天逛楼盘，我觉得这边住得挺好的。

也有人问我住在这里有没有优越感，我说优越感是什么感觉不知道，因为只要我姑娘、儿子好，我什么都优越了。我儿子挺上进的，他在北京工作的时候就因为工作好，单位给奖励了一辆北京现代。儿媳妇也可以，单位福利待遇也挺好，去年她被评了先进，单位奖励她去韩国旅游，今年又奖励她去宁夏。

现在你看中铁、中冶买房的也多了，入住也挺多的。中铁离市区太远，在东三环的边上，航天基地、曲江管委会生态园、文化产业地和影视基地都在那边。曲江发展很快，地方很大，2010年我从大雁塔那边过来的时候，到中海观园路就断了，只有到华润万家才有公交车，从大雁塔那边得走过来。你看这三年的发展，这里的公共交通已经焕然一新。你看曲江一期、二期的发展势头，我觉得事情总是向好的方向发展，日子只会越来越好。

采访手记

“现在老年人的生活就是孩子去哪儿就跟到哪儿，不像以前的观念……”

亲情、友情与爱情，情感总是一根牵着彼此的红线。父母知天命之年远离家乡，陪伴在子女的身边，这种考验、经历与适应对于父母而言似乎正在成为建构“曲江认同”的一部分。从陌生到熟悉，从经验到认同，异乡人对曲江这片土地经历着从空间到地方的转换，并且在转换的过程中寻求和建构自身的身份认同。曲江不仅是自己生活的地方，而且是一个抽象意义的“家”。

时间是流动的，地方是暂时静止的[①]。人对地方的感觉与认知会随着时间的推移而沉淀与积累，或者说是人在经验地方时，人对地方因情感而认同。诚如赫尔南德斯(Hernandez)所言，外地人是先产生地方依恋，再进一步形成地方认同[②]，而在这一情感层次递进的过程中，人的主观性与日常生活的体验是建构地方最为重要的特征[③]。刚接触一个地方时，我们只用眼睛观察其特色、感受其美感，因此并不会产生依赖；但如果长时期接触，因接触过程中的情感，使得地方不再是单纯的实体，而是有其意义与价值的，甚至成为日常生活中不可缺少的精神支柱。曲江就是这样的一个地方，是人们透过生活实践与地方互动，把对曲江的空间认知逐步转变为对地方的情感。“也有人问我住在这里有没有优越感，我说优越感是什么感觉不知道，因为我姑娘、儿子好，我什么都优越了”，我想这就是曲江的意义。

---

① Tuan Y. F. *Space and Place*: *The Perspective of Experience*. University of Minnesota Press, Minneapolis, MN. 1977.

② Hernández B., Carmen Hidalgo M., Salazar-Laplace M. E., et al. Place Attachment and Place Identity in Natives and Non-natives. *Journal of Environmental Psychology*, 2007, 27(4).

③ Relph E. *Place and Placelessness*. London: Pion, 1976.

这儿是风水宝地

本文故事描述的郭大爷，60 余岁，在曲江池遗址公园内捏泥人，采访地点在曲江池遗址公园内，时间为 2013 年 7 月 26 日 17 点到 19 点之间。

我属牛的，今年 64 岁了，1949 年生的。老家在河南，现在的户口在陕西渭南的合阳。我小时候跑到那里，后来给人家做了上门女婿。

全国我都转过来了

我捏泥人是从 1983 年开始的，时间长了。我小时候就爱写写画画，后来从老家来了一位捏泥人的，我就跟他学了。1983 年土地承包了，允许做生意，我就开始在陕西省内转，转到韩城矿务局、铜川矿务局，把陕西省转遍了，又跑到云南、贵州、广东、广西，靠这个手艺又转了十年，转了十年觉着在外面不美，才来到西安的，在西安又待了十年，一共 30 年。觉得在西安待着还可以。

在西安，最初是转幼儿园。西安市的所有幼儿园我都转，我就赶着接孩子的五点半，小孩儿都喜欢这个。南郊、北郊、西郊、东郊，我都转完了，不想再转了，就固定到书院门，一干又是五年。这里（曲江池遗址公园）一开园，我就从书院门来这儿捏泥人。这儿是块宝地，在西安市其他地方五块钱都卖不掉，在这里卖十块钱都能卖掉。你别看书院门那儿人也挺多的，多也不行，因为卖其他东西的太多，就显不出来我捏的泥人了。这个地方好就好在没有卖其他东西的，小孩到这里只有买这个玩一玩，等于说竞争不太激烈。再一个这儿人多，哪儿的人都有。还有就是地方大，车可以直接开到园里来，停车方便。很多人没见过就想买一个。其他地方就局限于附近的人，过来过去都是那些人，这儿的人经常换，生意好。

我们也交管理费。开园的头半年不要钱，第二年1月1号开始每天10块，一月交300块；弄了两年，涨到每月500块；后来就每月600块、800块、900块……，涨得很快。

我和我老婆住的地方挪了好几次了。一开始住北池头，离这儿很近，但北池头拆迁了，我又搬到观音庙，可房价太高，我又到了新开门，新开门拆了，我又到了金浮沱，金浮沱拆了，我又到了春临村，春临村拆了，我又到了下寨村。现在每月房租160元，很便宜，还是个大房子。过去骑自行车，现在骑电动车，每天过来要半个小时，如果堵车的话就得40分钟，还可以。至于骑车带上这些东西，说方便也方便，说麻烦也挺麻烦的，我儿子都受不了。

我儿子也跟我学了这个手艺。去年我买了两个摊位，叫他先搞，他搞了一个月就不干了，嫌麻烦。他没有耐性，这活儿需要细心和耐心，要能坐得住。孙子放暑假了，也过来了。我这个孙子11岁，在合阳上四年级，这里的小学上不起，说得交八万元。

我有三个儿子，五个孙子。唉，三个儿子都没上大学，我的愿望是他们都能上大学，可我一弄这(捏泥人)，没在家管孩子，耽误了(孩子的学习)，他们现在都在合阳。

这儿是块宝地

我就认为这里好，在这儿一天能挣300块，一出这个门，你只能挣150

块、200 块。这个地方大，汽车开过来有专门停车的道路，那些开车的都能来，车有地方放。有人说开车的收入比较好，素质相对高，我看不一定。我对开车的人很有意见，因为开车的人有一部分是素质高的，有一部分人的素质比较低，他们根本不知道东南西北。

这园子里有六个捏泥人的。在我这儿，捏一个全身 30 元，捏个半身 20 元，捏朵玫瑰花 10 元。我现在的收入能养活自己和老伴，还能叫孙子来花一点儿。每月除各项开支外能剩 1000 元。过年那一阵最忙，有时一天能赚到 1300 元，但把人累得不行。你知道，就是让你坐在那里开会，连续坐上四五个小时你也受不了吧？那个时候玫瑰花都要卖到 15 元，五分钟捏一朵，但还是不够卖，因此我就不捏人了，主要是捏些简单的，啥好卖捏啥，主要是卖给孩子，一天要捏上百个，真是把人累得不行。

工作日一般从下午六点干到晚上十点，周末得来早一点儿。今天凉快，我就来得更早，如果在其他地方，一般要两三点钟才来。这地方好，是咽喉，但我也不是老在这儿摆摊，需要轮换，因为园子里面像我这样捏人的有六个呢。以前，每个捏泥人的摊点都想摆在这个口口上，认为这地方好，互相争，发生了打架、吵架的事情。后来大家商量一下，就说咱们轮着来，一个位置七天，七天轮换一次，最公道。

我现在用的材料是美工泥，过去用的都是面，现在还用些滑石粉，再加些硅胶，就是粘玻璃的那个胶。你看我把这个领子就捏出来了，这都是我本人发明的。以前我学捏泥人的时候，只会捏孙猴子、猪八戒，后来我在书院门开始给人捏像，首先捏了个我本人插在那里，有些人说还真像哩。

捏人像这种活，也就是今天人不多，我才能消停地做，如果是礼拜天，我就不做这个。因为捏人像最快也得20分钟，20分钟你要捏别的东西肯定捏好多，我也要考虑经济效益。如果节假日捏人像，就是半身像也得要50元，全身那得100元了，价目表往这儿一放，你想捏就捏，不捏就算了。我本来也不想捏人像，捏人像既费劲又费脑子，尤其是戴着眼镜，或扎个辫子，或拉丝头，或烫头发的人像，更加费劲、费脑子。各种各样的人中，还有大美女，大美女你要能捏出人家的美，那你就真的算是成名成家了。

一般长得漂亮的女的特别难捏。为啥？你每一个泥人都想捏漂亮，可是你捏不漂亮，对不对？漂亮是不是就是好？好是不是就难？我的观点是，最好的画家，知名的画家，他也画不了人家美人真正的那个美，那个美是画不来的。男的一般还好捏点，真正的美人确实捏不出来人家那么美，那所有画师的美人画，我看都一般，没有把人家那个美给真正画出来，真正的那个美是风韵，它是自然的，你想想你咋就能画出人家的美？

在这儿这么多年，一般的客人都还好相处，也碰到过特别难缠的客人，可多了。捏的本来很像他，他说："这是我吗？这一点也不像我。"我都想说，你要是真的特别想要像那就照相去吧。我就说咱问十个过路人，有五个说像的，你都得给我钱，如果有六个说不像的，我不要钱，叫他们说，我也不认得他们，你也不认得他们。不过每次碰到这样的情况，说像的人还是多，还是要靠手艺。这些人要求"鼻子对鼻子，眼睛对眼睛，嘴巴对嘴巴"，都要跟他一样，如果达到那种程度，我就是大师了，就不坐在这里了，捏一个人像也就不是几十块钱了。

闲看世间百态

在这儿工作也挺快乐的，环境也挺好的。只要你把心放宽，别多考虑钱，以快乐为目的，就过得快乐；如果你天天就想多挣钱，把自己弄得焦头烂额的，也不行。在这儿最大的快乐就是空气好、人好、风景好，这里能看到很多人，各式各样的人都能看到，一般的职业也能看出来，他们的生活情况都能看到眼里，他们是怎么过日子的，我也能体会到。

在这儿能看人间百态呀！比如家长是怎样教育娃的，有的家长教两三岁的娃要把果皮送到果皮箱，有的娃都那么大了还乱扔果皮。再一个，有的人花钱不算账，那是大款，有的人抠得很，一点钱都不敢乱花。

来找我捏人像的还是带娃的多，再就是存有好奇心，看看能不能把他捏得很像。本来他是有照相机对不对？照相机照出来很像是不是？那这个小泥人还捏他干啥呢？对不对？他就想看看我给他捏成个泥人是啥样。所以他就想捏一下，他有好奇心，我就是爱观察爱思考，就是爱思考问题。这可能也受我这个职业影响，这个人买我的还是不买我的，我可以捏他还是不可以捏他，我都能看出来，他在我跟前说两句话，走两步路我就知道他买不买。啥样的人会买呢？要买的人问实价就买了，有的人这个摸摸，那个摸摸，整个摸一遍他也不会买的。我观察：对娃娃看得重视的，比较爱买，娃娃要个啥，能达到要求，不叫娃娃哭，就买了。咱这个摊，主要是卖给娃娃和青年。青年多是大学生吧，大学生好奇心都比较强。我觉得我有特异功能，过来一个人，我就知道他是个善良的，一般的，还是个搞啥动作的，我都知道。农村人品位低，他们对这些文化内涵不懂，就走走看看，不像文化人有很多问的。

西安这个城市很固守

我走了那么多地方，最后来到西安，咱俩谈谈西安。西安这个城市很固守，不开放，它认为它这个地方最美，不想学人家，也不想学人家的优点，根本不去考虑人家的优点。

先说交通。西安的地方很大，可以往外发展，路那么宽，堵车却这么厉害，昆明那么小的一个小城市，它发展受限制，周围都没有地方发展，可是人家那个道路利用得好，不太堵车，为什么呢？因为西安的道路没利用好，十字街口不开放。十字街口复杂，要往外放，这个十字街口那么小，车左拐的、右拐的都拐不出去，要把十字街口往外放，狠往外放，放成喇叭口式，是不是车就拐出去了？是不是这个道理？再一个，它不给电动车、自行车留路，虽然开车的人多，但是有些人买不起车咋办？要各行其道，它弄得没有各行其道的路，路那么宽，却没有骑车人的路。我再给你说一下，每一个公共汽车站都要作为一个港湾，弯出去，让公交车就在那儿停着，别人还可以照样走，你看看它有这个吗？

我还是很喜欢西安的。我走了这么多地方最后在西安曲江池遗址公园这儿干这么长时间，说明我还是喜欢这儿。

曲江这个地方弄得不错，我觉得很好。我觉得路边要栽上树，两边都要栽上树，叫它夏天不见太阳，人走在这里感觉就好。这条路两边有树，那条路上没有树，这个柳树很好，叫垂柳，据说是仿照西湖弄的。再一个就是女厕所要扩大，一到节假日女同志上厕所很不方便，要等很久。

这几年景区设施更齐全了，人们的责任心也更强了，大家都各司其职，各方面都有负责人。景区的形象也好了，知名度也高了，很多人包括郊县的、周边的都来玩，人多了生意就好了。

现在好人还是多，有个人东西丢了，捡到的人在这儿等着还给失主，让我很感动。现在人的素质也高了，没有乱扔东西的人了。还有件让我非常感动的事情：有个大人带着小孩，小孩乱扔的东西，大人都让他捡起来扔到垃圾箱里。

人得向前看

我每个月都在这儿做，三九天飘着雪花我还在这儿做，冻得人直哆嗦，我不怕冻，锻炼出来了。我这生意每年春天好做，春天不热不冷，这儿如果炎热得很，太阳很大，这儿就没人，一般到下午六七点才有人。晚上这儿光线不好，不过有灯，亮度还可以。我眼神还行，戴的是四百度的花镜。

有人说我在这儿辛苦，这夏天热得很。如果你想向前看，就得辛苦点，现在不指望儿子了，希望能存够自己到老了的一切开销，包括对抗癌症等等，不想花别人的钱。

正月的收入，特别是过年前后是最好的。此外，从正月到五月、从八月到十月，也是很好的，一般每月收入在8000元左右。刨除自己吃喝、房租等花费还能剩四五千。保险？没有，我不需要保险，社保、医保都没买。我不相信保险，我靠我自己的能力维护自己，要生病了就自己出钱看病，看病的钱再多，有十万元也够了嘛。再有其他病我就不管了。我在这儿空气又好，天天锻炼着，我也不生病，到现在还不知道我啥血型，没检查过，也没看过病。平时要是有个头疼脑热的，我就扛过去，实在不行，自己买点药吃，也就好了。

想记下自己的所思所想

我文化水平低。还是要多上学，你上得多一点，你对于一切的看法就是不一样的，对不对？你有了一定的知识，你就和一般人的理解是不一样的。我们那个年代上大学不容易，我姊妹五个，家里是地主成分，土改以后，过的是最低等的日子，没有希望上大学。我做梦都想上大学，我考中学，我老师跟我说你考是考上了，因为你的成分问题没有录取你。我哥比我大一点，他却考上了，可成分是一样的，因为他那个时候还宽松点，没有后来那么厉害，结果他考上了，到我的时候就不行了。

我的愿望是把我的见闻和思想写出来，我也想每天晚上回去写一点，可是我实现不了。只有到我捏不成泥人的时候，看看能不能坐下来写。再一个是我的文化水平太低，我只上到小学六年级，什么都不知道，只上到六年级能弄啥？我都不如这个小娃，我有种不服输的心理，可是你不服人家是不行的，对不对？我把我的希望都寄托到我儿子身上了，可是我弄这个了，那时候不知道必须在家里守着他，才能叫他学好，我不知道，我没有这个经验，我去了云南，他在家里休学了，高中二年级就不上了。我现在很内疚，我认为这事怪我。我认为有的树啊，它自己不要人修就能长起来，有的树要精心修剪才能长起来。有的本来是个坏孩子，人家家长把他培育成了个好孩子，这是有的，你看咱这教育，我认为家长还是起很大一部分作用的。

在这儿也没有啥大事，咱就会捏个泥人，很多人尊敬咱，认为这是民间艺术，现在很少了，再过几年就可能见不到了，就给娃买一个；或者和泥人一起照相，让娃叫我爷爷，我感觉很温馨。我凭手艺吃饭，社会地位也高了，比以前好了，以前提不到文化这一层，把我们看成要饭的，叫巧要饭的，就是巧妙的要饭的，还摊点本事的。我开始弄这个都不敢在村里过，都等天黑了才背个箱子从村里过。都说我这是骗人的，骗娃娃的，形象不好，地位不高，还有人直接斥责我和我媳妇，现在那个人都跟我们道歉了。

曲江很重视这个东西，让六个摊点都来做。他们给我们在路边搭个摊点，比建房子还好，很直观，可以让小孩近距离地接触。我感觉这个地方不错，要一直待到我做不了了为止。我觉得曲江会发展得越来越好的，我们在这儿的利益越多，我们就越能待下去。

采访手记

是什么造就了城市？是风景，是文化，是艺术……无数的名词都在记录着城市的脚步。当一位年逾古稀的老人在述说自己对曲江的感情时，话语间透露的是对地方的记忆与感悟。而曲江也给予了匠人们从文化中受益、从历史中传承的品格。

文化是空虚的也是实在的，文化不仅赋予了空间意义，而且建构了一个地方历史与生活主体性的意涵。新文化地理学强调了文化的空间性，将文化视为空间过程的媒介，强调文化渗透在生活的每个过程中[①]。与此同时，伴随着长期积累的文化，以及人们对这些长期积累的文化的认同，就使得该地区具有了地方性[②]。

“在这儿也没有啥大事，咱就会捏个泥人，很多人尊敬咱，认为这是民间艺术，现在很少了，再过几年就可能见不到了，就给娃买一个；或者和泥人一起照相，让娃叫我爷爷，我感觉很温馨。我凭手艺吃饭，社会地位也高了，比以前好了，以前提不到文化这一层，把我们看成要饭的，叫巧要饭的，就是巧妙地要饭的，还摊点儿本事的……”曲江为地方文化提供了滋养的平台，地方文化所承载的历史性、生活性、地方性和经济性[③]，使其正在成为曲江的新符号。诚如奈斯(Ness)所言，文化符号是地方的一种表现方式，是地方价值的真实写照[④]，其意义就在于使空间成为对人有价值、有意义和归属感的地方。这种地方文化根植于百姓生活，根植于地方，具有在地性与本土性，并以此引发地方居民的认同感、归属感和荣耀感。

---

① 周尚意：《英美文化研究与新文化地理学》，《地理学报》，2004 年增刊。

② 周尚意：《文化地理学研究方法及学科影响》，《中国科学院院刊》，2011 年第 4 期。

③ 张巧芳：《地方文化的形成及其意义——安平地区的个案研究》，台南师范学院，2002 年。

④ Ness S. A. Tourism-terrorism: The Landscaping of Consumption and the Darker Side of Place. *American Ethnologist*, 2005, 32(1).

城与家

本文故事描述的王女士，20余岁，是随家庭多位成员迁入曲江新区的陕北人，采访地点在其曲江新区家中，时间为2013年8月16日9点30分到11点30分之间。

曲江更能体现西安的风貌

先来聊聊我现在住的房子。这套房不到100平方米，算是个三室的小户型，是我和老公工作之后买的。几年前这里的房价相对还不算太贵，当时是看好周边未来的发展潜力。售楼小姐介绍时说对面将来会有湖、有公园，位置在雁塔南路主干道上，还可能通地铁。我当时买的时候（四年前）小区周边没有一个开发的楼盘，旁边只有几个村子，配套设施很差，但优点是价钱实惠，当时想就当是投资吧。

买这套房时，在城内大差市还有套房子，面积不大，一室一厅。这个小区交房后，我们装修完就搬过来住了。现在我们小区对面开发了观山悦小区，那算是一个高端的楼盘，有配套的社区医院和幼儿园。北边的千林郡小区也不差，有专门的会所和游泳池，但这两个小区的房价是我们的两倍多。

当时之所以选择到曲江买房，有多方面的考虑。我和老公刚来西安的时候，工作单位在东郊。由于对东郊比较熟悉，曾经考虑去浐灞或者浐河西岸买房，但是后来总感觉东郊的人气不旺，有些许荒凉。这种荒凉就像是世园会[①]开完后，我们再去逛世园会址，人很少。会址周边新建了很多小区，但却没人住，有种“小鬼城”的感觉——只见楼，不见人。除东郊外，曾经也考虑过西郊。因为以前我在咸阳学习、工作过，所以我往西郊跑得挺勤，但西郊给我的整体感觉是比较乱。虽然都说要发展城西，但再怎么发展，那也是10年、20年以后的事情。至于北郊吧，我妈特喜欢北郊。我和我妈还设想过一起买到同一个小区，可是我又觉得北郊虽然整体规划得好、建设得好、现代气息浓，但还是差那么点儿“西安的感觉”。我妈想去北郊住的主要原因是和她关系很好的一个远房亲戚把房买到了张家堡城市运动公园旁，但拗不过我的反对，我妈最后妥协了。这么一对比，我觉得南郊曲江整体的文化氛围还是比较浓的，虽然我买的房子偏了点儿，但有了车，出门儿干事还是很方便的。我家虽然在三环外，但我觉得有时比三环内曲江景区周围住的人还方便。他们堵车的时候，我这边不堵，而且也可以开车过去玩，所以觉得还行。还有重要的一点就是房子买得早，价钱实惠，最后就这么定下来了。

其实当时买房也考虑了风水的问题。那时电视塔南边也有楼盘，但是考虑到几个问题没买：一是电视塔有辐射；二是电视塔像剑一样，从风水讲是“犯煞”，如果窗户能看见剑的话，对你运势不好。我现在住的小区叫曲江澜山，“澜”字在古时就有得名，因为这里地势是个小坡，意指波澜壮阔。据说这里好像还有什么龙脉之类的说法，往北走一点的地方叫金浮沱，都是有水的地名。我老公是木命，我们觉得住在水多的地方应该可以带来好运势。

我定下来之后，我妈也就在我家附近看好楼盘买了，去年定的一套房子在我们小区北边一点，就是千林郡小区，还没有交房。另外我的好几个

---

① 世园会：是指2011年西安世界园艺博览会。

姨，陆续也都在曲江范围内买了房，他们是在三环内，但偏东一些，也不算远，这样一来，好多亲戚就都聚在一起了。我姑家算是个“暴发户”，她们的房子就买在了南湖边，她常常得意地说在她家就能看到湖，我就开玩笑说你家能看到湖，是美了你了，但是你家的楼就成了南湖边煞风景的建筑。

说到陕北人买房，大家都会认为神木人很有钱，一掷千金的。其实我觉得我爸妈和我自己的经济水平在老家也就算是一般偏上，家里的日子一直都还过得去，花销上也没太亏待过三个儿女。现在父母老了，该享清福了，估计明年就来西安住新房了，因为我和我弟弟在这儿，大家聚个团圆。

曲江的陕北人

曲江这个名词对陕北人来说一点都不陌生，也常听老西安人抱怨曲江的房子都被陕北人买光了，甚至说西安房价就是被陕北人炒起来的。在这一点上，作为陕北人的一员，我觉得就“曲江”和“陕北人”这两个名词来说，他们成就了彼此，也改变了彼此。像我好多亲戚认为的那样，在曲江买房是身份的象征。前几年别人一问说你家在哪呢？陕北人本来嗓门大，还要再高两个度地回答说：我家在曲江嘛。外来人在西安曲江买房，实际上是想买一份归属感和身份感。其实陕北人在内心深处是自卑的，他为什么要大把花钱，故意摆谱，给人暴发户的形象，就是因为觉得自己来自陕北，心里自卑。就像前十年，别人问神木人你家是哪的？大家还不好意思说，会先说我是陕北的，再往细问，他才一步一步给你说，我是哪个县、哪个镇的。可是这两年如果你再问，你是哪的？他直接回答，我是神木的，不用再“陕西—榆林—神木”，一层层往下介绍。买房也是一样，人们现在不说我在西安买了房，而是说我在曲江买了房。可是买了房之后，住的人又很少，这就造成曲江的一个问题：人气不旺。虽说某些小区人气还可以，但越高端的小区，人气越不旺。他们只是把房子囤在那儿而已，这对曲江未来发展是不利的。曲江主打的是“城市＋旅游＋文化”，把城市放在首位，就说明它更多强调的是城市，也就是社区的建设，如果人都没有，那么社区建设也就无从谈起。去年我的老师让我观察曲江，于是我就找了个亲戚作为我的观察对象。去亲戚家吃饭聊天的时候，我说：“你这小区真好，绿化也好，配套也好。”她来过我家，马上就说：“哪里好啊，没你家好。”她说她那里车堵得特别厉害，尤其是到了节假日，出不去回不来。所以我想也是，我这儿虽然偏点，但偏也有偏的好处。她（亲戚）还说我这里人气也旺，白天的时候小区院子里孩子一群群的，晚上外面还有广场舞。这一点，我倒是有所体会。她（亲戚）小区的灯亮度不够，晚上走在院子里，就我、她和她儿子三个人，还觉得有点害怕。

再举个好多人都在曲江“囤”下房子不住的例子。我二姨父家经济条件挺好，他家在“南苑”买的房子，差不多有200平方米，也在南湖那片，特别高端。后来他儿子和一个西安的女孩结了婚，我就和他儿子说：你也搬来曲江住吧，咱住得近，将来可以多跑动，你妈、我妈都来西安了，串门也方便。他（二姨父之子）说他媳妇不愿住在那里（曲江），说那里一个人都没有，吓死了，万一他（二姨父之子）出差，媳妇都不敢回家，所以最后他们选择在高新住。高新的房子没这边大，100多平方米，但是他们更喜欢那边。

还有个比较有意思的现象。好多陕北小孩从老家来西安上学，孩子父亲在陕北挣钱，母亲和孩子在这边花钱。选学校大家都扑（冲）着名校去，多掏点钱也不在乎，我的一个表妹就是这样。她儿子特别聪明，考试都是第一。后来选学校的时候，我表妹就想在曲江一小和陕师大附小两个学校中选一个。孩子自己成绩没问题，两个学校应该都可以去。但她（表妹）跟我说"我不想选曲江一小，都是咱那边（陕北）的娃，风气都坏了，哪怕远一点，也想给孩子创造个好氛围"，我很惊讶现在竟然慢慢有这种苗头了。前几年大家都说我们要在曲江住，那里有学区房，我们要去曲江一小，慢慢大家就会意识到这个过程中可能会产生一些负面效应，就会想办法回避了。这几年陕北人不那么招摇了，这可能跟经济状况、所处环境、人的心态有关系。现在有时候你问陕北人家里的经济情况，他会说"就那样吧"，说到房子也只说就在南郊曲江周边，感觉做事说话稍微收着点儿了。我觉得在曲江大片区发展的过程中，大家会慢慢认识它，与它融合，与它一起逐渐成熟。

有一次我去曲江走亲戚，电梯里遇到两个说着关中方言的人在聊天评价陕北人，其中一个说："我就是不喜欢陕北人，讨厌得很。"作为一个陕北人，听到这里我没有跟他接茬吵架，但狠狠地瞪了他一眼。那个小区（亲戚住的小区）居民构成比较特殊一点，有老西安人，也有很多外来人。于是本地人和外乡人的冲突和融合就表现得更明显一些。因为我是陕北人，平时就会比较关注别人对我们的评价，例如"陕北人说话大嗓门，吃饭没葱没蒜不行，能呛死人……"我不否认这些事实，但我也不相信这都是事实。外乡人和本地人在曲江这个地方都以主人的身份相遇，这就是在考验曲江这个大社区的容忍度和包容度。房子盖起来，房子期待什么样的居民，而现实中的居民住进来之后，又会与建筑、邻居、社区发生怎样的关系，产生怎样的变化，想想觉得还蛮有意思的。

最早落户西安的人

回想一下，我好像是我们这个家族中第一个把家安到西安的人。一方面这跟我的年龄有关，因为我是长孙女、长外孙女，上学早，出门早；另一方面还受性格影响。我出来上学之后，其他比我差一两岁的孩子也陆续来了，但是他们最终顶不住压力，家长说神木挣钱多，还是回来吧，他们很多就回去了。我是不想回去的，并不是因为我多喜欢这里，而是对于老家的有些东西我不太认同，所以我想留下来。我在咸阳读的本科，学的英语专业，毕业时本来要当辅导员，但是最后去附中当了高中英语老师。大四那会儿我身体不好，我妈就过来，算是为我陪读，我们在学校附近租了个房子住。大四后半年的时候，我妈说：你将来要留到这儿了，咱老租房不实际，要长久计议，还是看个房，于是就在学校附近看上了一个楼盘。那个时候非常便宜，才 1600 多块钱一平方米，选好楼层户型就定下了。虽然房子写的是我的名字，但还是我妈的房子。那时候我弟弟还小，我和我妈一商量，就把我弟弟带过来读书。我妈有时候和我们在一起，有时候回去，我弟就在我们学校初中部上学，我带着他。咸阳的这个约 120 平方米的房子应该是我们家族人员在除了老家以外的地方购买的第一套商品房，虽然不是在西安。

干了两年之后，我离开学校，换工作到西安。刚开始紧张的时候也在城中村租房子住过几个月，条件比较差。后来我男朋友(现在的老公)说："不行，咱得赶快买房子结婚了。"那时候我俩都不太想靠家里，就说先买个不太大的、自己负担得起的房子。于是在西安的大差市、解放路附近买了一套 60 平方米的房子，是那种小高层、带电梯、一室一厅的公寓。那个房子地理位置相当好，周围的解放路商区有民生、百盛、万达，还有两三个大超市，生活特别方便。我外婆来我家住的时候和我说："婷婷你看周围还有房子没，给我买一套，我和你外爷(姥爷)过来养老。"后来，我那儿就成了陕北亲戚"驻"西安的办事处，谁来了都到我那里去。我那里看病方便，有第四人民医院，离西京医院也不远，离火车站走着也就两三站路。虽然亲戚跑得多了会有不方便的地方，但陕北人好客、爱热闹，我和我老公都不介意。唯一问题是我那里是一室一厅，来的人多住不下，于是就在客厅加了张床，老家来的都是亲人也不忌讳。再后来，随着大家跑西安次数的增加，彼此经济条件也越来越好，亲戚们便有了在西安买房子的想法了。

首先就是我二姨家，她家经济条件在亲戚们中是最好的，但是她们家买房子、投资什么的不爱让人知道，买了很久后大家才知道。他们应该是最先在曲江买房的，在南苑小区，后来在高新区也买了紫薇一个楼盘的房子。两套房之后，我二姨父又说光房子没有产业也不行，得在财力还允许的情况下再买个商铺，认为商铺放着好养房子，或者将来孩子不成器了，每年几十万的房租也够花。于是就在曲江烟草公司旁边买了一个两层的商铺。后来二姨父还和他的本家亲戚在南三环东段稍微偏点的地方买了一个商铺，主要是用来投资。接下来，大家就开始跟风了，三姨家在三环东南角绿地新开的楼盘里买了个大平米的房子，四姨家则在曲江大道中海地产买了房，我舅在南二环海星地产买的酒店式公寓……总结起来，我和我妈是我们家族中最早在家乡以外的地方买房的人，也是最早落户西安的。但到曲江买房，我二姨家应该是第一个。

陕北人还有个特点就是特别爱扎堆儿。我妈把房子买到这里(曲江)之后，我二姨、四姨也都先后把房买到了曲江。三姨一家买在东郊，因为我三姨父的同事都买在东郊田家湾的绿地项目了。我爸对我三姨父说你来这儿(曲江)，咱一家子，聚会的时候也方便嘛。我三姨父说不行，他法院的同事都在那边呢，他觉得和法院的同事更有共同语言，所以最终就买在了那边。可惜买了没两年，三姨父病逝，我三姨后悔了，觉得当时还是应该和我们买在一起。

近一两年，我观察陕北亲戚买房已经和前两年不太一样了。以前大家买房就是冲曲江的名气，但是这两年再买房就不一定要在曲江了。因为越多人参与进来，买房人的经济水平就越多样，不像之前都是有钱人了。此外，在北郊买房的也多了，或者再往北走的白桦林、城市运动公园。我妈原来是想买在那边的（城市运动公园），但被我拦下了。我前边讲过，跟我妈关系最好的姨在那边（城市运动公园）买房了。我和我妈说："要去你去，反正我要买这边（曲江），我去你那里一趟也要一个半小时。"最后我妈思来想去还是在这边（曲江）买了。不过去年，我和我妈还是在北郊又买了一个小房子，投资用的，地段很好，租金不低。现在北郊那边的房价也涨上来了，和曲江的价格差不多。但是你开个车在两边一兜风，你会感觉曲江更像西安，更有"我在西安"的感觉。北郊其实修得也挺好的，有大明宫，但是总感觉少点什么。是树少了，还是古建筑少了，我也说不清。

我的地盘我做主

谈到在曲江的生活，当然离不开吃。亲戚们聚会的时候一般都是谁家房子大就去谁那里，或者去外面吃饭，曲江有名一点儿的餐馆有时间了都会去挨个尝尝。有一个饭店，在曲江大唐芙蓉园西门附近，叫麟州阁，神木人没有不知道的，因为那是神木人开的，那里能吃到老家的菜。神木古代也叫麟州，麟州阁就是神木人的家，去了总能遇上一些熟人。那儿生意特别火，过年的时候年夜饭都很难订上，那也是大家平时总爱去的一个地方。有时我想想就觉得奇怪，咱都是陕北人，都来了西安了，要吃陕北菜为啥不在家做呢？这其中是否有种思乡情结在里面？另外，我们这个群体不爱辣椒，当地很多饭店的菜不合胃口。就我而言，因为是学英语的，开玩笑讲就是有点“汉奸”本色，就是不管我喜不喜欢你，但是我会尝试去适应你。可大多数老家的人受不了，吃一次，不喜欢就再不去了。所以我们商量去哪里吃饭的时候，菜辣不辣也是一个要考虑的重要因素，这跟老家的生活习俗有很大关系。

在生活方面，我觉得我住的这个小区还不错，但我的在曲江那几个亲戚，他们就有点烦了。他们买菜不会去曲江超市，因为不太新鲜，种类也不齐全，曲江也没菜市场，就得开车去航天城那边，或者丈八路上的人人乐超市。我们小区旁边村子里就有菜市场，离航天城的菜市场也不远，走路十来分钟就能到。我那些亲戚评价说曲江光修风景了，咋没修个卖大棚菜的地方呢？大家都跟个“仙”似的，不食人间烟火了。而且曲江这边想买馍[①]都比较困难，只有家小超市卖馍，还需要赶早抢呢。

我老公一个哥哥今年买的准现房，已经装修完入住了。他们从买房、装修到入住，我们全程陪同，他们干什么都要叫着我们。他（老公的哥哥）是公务员，在神木县的一个发展势头不错的工业区管委会上班，他的老婆是高中英语教师，跟我很聊得来。当时他们为了买房，就过来到处看房。他们买的那个小区，我当时也关注了，就是因为觉得离火葬场有点近，就没去买。但是他们觉得还好，就订了。整个过程都挺满意，但是真正收房的时候，他们就失落了。先是嫌小区不在南湖边，我就问他为啥非要住到南湖边去，难道守着湖心情就舒畅了？他说“你看这儿走过去还是有点远。”接着又觉得飘窗也不美，和期望差距很大。但是装修好之后，他又高兴了。

举个例子说，他之前来都不开车，他的车是标致，大概 30 万，当房子装修好了，他和老婆来时就开着车了。那个车买了没有多久，车顶上带着大天窗，打开天窗时就像敞篷车。之前都是我们带着他们转，这次我们还是说“不用了，耗那个油干什么呢？打车多方便”。他说：“不行，还是要开车。”

① 馍：指馒头。

我觉得他的想法就是，“我把老婆带着、车开着、房也有了，我齐了”。过来后，我就说：“开你的车，还是我的车？”因为他是外地车，如果有个意外，也挺麻烦的。他就说：“你的车不行，还是开我的车吧。”在去他家的路上，他边开车边说，“你看这地方多好，我的车就应该在这样的地方开才合适。”我能感受到他流露出的那种满足感：在那一刻他把所有重要的东西都带在身边了。那次，他在这里待了一个礼拜，还舍不得回去。他老婆给我描述他说：“那人有神经病呢，大清早起来不知道干啥去了，结果回来后说是开车遛弯去了。”可能他真的很享受，觉得他这样的车就适合在曲江这样的路上开，就适合开到我家的那个小区去。他停车位也买了，花了 15 万，他觉得他的人生价值在这里体现了。最后他是真的有点舍不得回去了，他给我老公说呢：“刚子，我把工作辞了吧，咱老家，你不知道，真没有意思！还是你们这边好。”他老婆也说：“我们下次来把娃也带上（因为娃还小，没有带来），咱在曲江好好逛逛去。”

确实，我老家虽然好像什么东西都有，但跟曲江相比，缺少的是精致和细腻。比如这边有很多儿童乐园、亲子乐园，确实很适合孩子玩，所以他们走的时候恋恋不舍，很希望成为这里真正的常住居民。但是，我想他们如果真的住在这里，就一定会明白什么叫“水土不服”了。因为他在老家什么都是和身份配套的，但是在这里你要和这儿的人显摆的话，那就不好了。他有一个毛病，这可能也是陕北人的劣根性吧，或者陕北人到了曲江本性释放的表现。虽然不是几百万的车，但仍然不影响他在路上嚣张：变道时，我让他打转向灯，他不打，他说“打啥”，那意思好像这是我的地盘了，我说了算。可是我想，如果真的违规被处罚的话，你就会意识到这不是你的地盘了。

学会融入城市

我自己从 2001 年离开家乡，到咸阳读书，虽然不是西安，但是离西安也就一步之遥，与西安还是有很多类似的地方。我已经在这里生活了十多年，也算得上是1/4的西安人吧。其实，我一直在学习该怎么样和这座城市相处。前两天我看了一本叫《城记》的杂志，是西安城墙管委会发行的。我看的那期是首刊，邀请了很多大家进行访谈，包括贾平凹、冯骥才、张锦秋等。贾平凹说了这样一句话："我没有生在这里，但我活在这里，我可能会死在这里，我现在已经深深地爱上了这座城市，我死后从火葬场的烟囱里出来，变成一朵云，也要盘旋在这座城市的上方。"我觉得外来的居民，你不能认为你在这里买了一块地，就觉得有了归属感，你一定要和这个城市或者这个社区有情感交流。不能像我们陕北人那样，我来了，我带着我所有的财富到这里显摆一下，宣告一下，我就属于这座城市了。我觉得就像贾平凹说的那样，虽然我不是生在这座城市的人，但是我对它倾注了感情。就我自己而言，十几年了，如果问我爱上西安没有？我觉得还没有。爱上曲江没有？也没有。但是我在很认真、很小心地去和它接触。比如说陕北人到西安，非要坚持说陕北话，吃饭要点羊排骨，非要说来份羊骨什①，服务员听不懂，我说"你要说羊排骨"，他说："为啥，谁听不懂谁去学嘛！"这充分说明了他那种入主的心态，就是我在这里买房了，我就要摆摆主人的架子。

我老公的弟弟后来把房子装修好之后，他放着不住也不租（我姨和我妈的房都租出去了），还蛮大气地给他同学住去了，他同学在三森上班。我觉得他同学也未必高兴，这不属于正常的社会关系。我觉得他还是没有学会在这个城市里怎样生活，他的很多做法我也并不认同。无论怎样，一座城都比一个人的内涵要深刻。有些人骂陕北人，其中的有些批评我也是认同的。陕北人来到这个社区，不仅成为这个社区的主人，同时还应该学习怎样和这个社区相处、和社区里的其他人相处，你（陕北人）不能不守规则。

---

① 羊骨什：陕北神木地区方言，一种食物，是羊排骨之意。

就像是开车，如果越是开好车的人越是乱开车，这就会扰乱社区秩序，也会毁掉这个社区。长此以往，曲江就不是现在的曲江，或者说又走回到几年前的曲江了。

最后，我还是不得不面对一个我一直都想回避的话题，那就是归属感的问题。我觉得虽然我在神木生活了18年，在西安生活了13年，我仍然不太确定自己究竟是哪里人更多一点，想想觉得这还是一件挺悲哀的事情，因为自己始终没有找到我内心深处想要的归属感。我不想说我是西安人，可我也觉得自己已经不是一个百分百的陕北人了。但是一般情况下，我在介绍自己的时候还是会说我是陕北人，因为那是我的根。不过之后我紧接着又会加一句——我来西安已经十多年了。可能这两句话背后已经体现了我思想上的斗争与不确定。但是将来会怎样，我不知道，两个城哪个在我心中的比重会更大一些也是未知。

我和我老公都是神木人，在语言上，我们工作时和在公共场合讲普通话，甚至我还会说一些地道的关中话，但在家里我们绝对是用陕北话来交流。等我有了孩子，我还是会先教他陕北话，将来再说普通话，我不希望他和奶奶或者外婆交流时，还要说着略显生分的普通话，我觉得这是对长辈和传统的不尊敬。我在省旅游局实习，做自我介绍的时候也会体现出从外地人变成新市民的感觉。我们副主任是渭南人，在西安待了很久，他就问我“小王，你家是哪的”，我说“我家在西安”，他又说“家在西安哪儿”，我说“在雁塔南路”。我没有说我在曲江，本身我也不认为我住在曲江，如果我说我在曲江，那别人就会想到曲江其他的含义，事情也许就会复杂一些。后来他又问“雁塔南路哪的”，我才回答“雁塔南路三环以南一点”，他说“那算曲江新区嘛”，我想那你追问出来了，就算是吧。然后，下一个老师再问，我就说在航天城。我们的正主任，我以前听说过他是陕北人，他再问我“你是哪的”，我没有丝毫迟疑地说“我家是陕北的”，然后他又问“陕北哪的”，我回答“榆林的”，我还是让他一步一步往下问，因为我对他还是有些戒心，因为他不是神木人，他是榆林佳县人，每个地方的县区也会有不同。后来大家再问我的时候，我也会有倾向性地回答。我想可能是因为我现在世故了，或者我自己也真的不清楚问题的答案。

采访手记

如果有人问我“曲江对你意味着什么”，那么我会说它赋予了我第二故乡的温暖与归属。诚如贾平凹所云：“我没有生在这里，但我活在这里，我可能会死在这里，我现在已经深深地爱上了这座城市，我死后从火葬场的烟囱里出来，变成一朵云，也要盘旋在这座城市的上方。”曲江的魅力就在于它拥有多面的特质，它在给异乡人带来归属感和身份认同的同时，也促使人们去思考更为深层次的问题：“外乡人和本地人在曲江这个地方都以主人的身份遇到了一起，这就是在考验曲江这个大社区的容忍度和包容度。房子盖起来，期待什么样的居民，而现实中的居民住进来之后，又会与建筑、邻居、社区发生怎样的关系、产生怎样的变化……”

曲江早已不是简单的地理意义上的区位，它更是一个符号、一种象征、一个家。现实生活中，对人有意义的地方很多，但是家却是其中最重要的所在，它是心灵、精神中心，是人的生命之本①，是人将自己根植于土地的凭借或表现②。毋庸置疑，固定居所是地方依恋的物质基础，也是地方认同的情感基础，只有这样才会寻求心灵的归属和身份的认同。新文化地理的研究认为地方感与认同感的交接情形有三种：第一，

---

① 徐主骅：《从地景观点探讨万峦居民的地方认同》，台湾“中央大学”，2010 年。

② 蔡文川：《地方感：科技共同的语言与对台湾的意义》，《中国地理学会会刊》，2004 年第 34 期。

经过归属感的途径，先归属于一个地方，再由这个地方代表我群的身份；第二，建立我群是“他者”，我群和当地人不一样，而成为一个不同的团体；第三，特殊的地方感，如移民或难民无法认同他们的新家，可见地方感对他们的影响很大，而仍视原来的国家、社区或建筑是他们最钟爱的地方。若一个人将自己归属于一个地方，而以该地方的人作为身份，以某种标准划分出自己与他人的不同，或是难忘原来的家，这时候地方认同即已形成。

我和大雁塔:水流而云在

本文故事描述的王女士,30 余岁,在西安外国语大学从事教学工作,采访地点在其家中,时间为 2013 年 9 月 29 日 15 点到 17 点之间。

麦田中的大雁塔

我于 1976 年出生在西安,在东郊长大,就是现在轻工市场那个位置。

小时候一直觉得大雁塔是个遥远的地方,也就是偶尔路过匆匆看上一眼,被父母告知这是唐僧翻译经书的地方,我急忙问那是不是孙悟空他们也住这儿,结果就得到了一个对孩子来说比较无趣的答案。就是因为看到大雁塔,我才知道《西游记》里的事情不完全是真的。当时很失落,有种幻灭的感觉,就像西方的孩子知道圣诞老人根本就不存在一样。

那时我的活动范围主要是在东郊。我父母所在单位是东郊的一个大厂,厂里几乎能解决我们生活中一切需要,所以我们出去逛逛也是进城,和南郊没什么交集。

上中学的时候爸妈听说大雁塔旁边的曲江春晓园不错,专门腾出了个星期天,带我和我弟弟一起骑着自行车,一家四口兴冲冲地奔向大雁塔。现在还记得一路上到处都是城乡结合部,就连交大靠近兴庆路边上那堵墙都是土墙,跟现在交大电脑城的繁华相比简直不是一个地方。在这条又脏又破的路上骑了很久,我都累得不行了,总算是到了期盼已久的大雁塔跟前——全是麦地,春晓园在哪里?于是我们又到处找人问路,可是连找个人都非常困难。还没找到方向,一场瓢泼大雨瞬间而下,我们没处躲藏,只好往回赶。这时发现,地上又湿又滑,车轮子都陷到了泥巴里,而且稍不小心连鞋子都要陷进去。最后一家人狼狈地回到了家,每个人都是一身泥水。

我和弟弟期望已久的,并且是全家屈指可数的出游,就以这种方式告终了。这让我俩垂头丧气了很长一段时间,想要埋怨爸妈没打听清楚就带我们去吧,又觉得不忍心。不过成年之后回想起来,倒觉得还挺有意思的,每个人回忆起那场雨时都哈哈大笑。

之后我出去读大学,七年之后,2001 年我硕士毕业又回到了西安,在西安一所大学任教。

很多人都问我为什么要回到西安,为什么从东部发达城市第一流的大学里硕士毕业之后回到西安这样一个二线城市来。这确实很不好解释,于是我给了他们一个比较简单的答案:因为我家在这里,我爸妈在这里,我男朋友也在这里。

今人不见古时月

其实除了这个答案之外，还有别的原因。我小时候买东西都得进城，那时常走的是朝阳门和东门，坐在公交车上或者骑着自行车在城门洞进进出出的时候，我从来没觉得这有什么稀罕的。然而去了外地，一个仅有两三百年历史的直辖市，我才真正明白了西安那些我司空见惯的景物是怎样的宝贵。我曾经无数次地给同学们讲起西安，讲到城墙宽得可以举办自行车赛，讲到大雁塔是可以登上去的，讲到小雁塔历经几次地震神奇地裂而复合，讲到碑林的“拓片”念“tɑ”而不是“tuo”……每每讲到这些，我在千里之外的异地都会对自己的故乡悠然神往，觉得自己这些年来对它们视而不见实在有些不可思议，不可原谅。

就像2005年的冬天，我和我最好的朋友——同事小张去杭州开会，在平湖秋月那里，当地人很自豪地介绍说这块匾额是康熙御笔题写，“历史很悠久的”。我俩相视一笑，私下里说：唉，康熙写的可真不算历史悠久，他不知道咱们俩是从周朝来的。

刚工作的三四年，我住在家里，每天上班坐公交车经过大雁塔。虽然天天都会看到，可我每次快到大雁塔的时候都会满怀期待地盯着窗外。车上晃晃悠悠的，使我常常陷入一些奇怪的冥想：它站在这儿一千多年了，到底看过多少花开花落云卷云舒啊。这种沧桑的感觉有时很奇妙，想到我站立的地方，也许白居易、杜甫他们也曾经走过。所谓“今人不见古时月，今月曾经照古人”，用这句话来形容西安，真是最合适不过了。

三个人的时光

那会儿已经开始听到曲江这个名字了，但是没怎么去过。因为当时孩子很小，我的生活重心仍然是在东郊，来南郊只是上班。当然因为朋友圈子逐渐扩大，会经常去小寨逛街，特别是下了班之后。

真正了解曲江，大约是2005年，我同事陈老师在雁南三路买了一套房子以后。她家的房子是个联排别墅，共四层。她原来在长安路住的时候我就常去她家蹭饭，特别是中午没地方休息时。

第一次去她家，真不觉得有什么好。小区内确实很不错，保安认真负责，绿化也特别好，后来水池里还养了两只鹅，我总带着孩子看什么叫作“白毛浮绿水，红掌拨清波”。但是小区外面正在搞基建，动不动地就在马路上立起一道墙，尘土飞扬，真正是“晴天一身土，雨天一身泥”。我简直不能理解她为什么从一切都很完善、旁边就是超市的长安南路搬到这么个大工地上来。

刚开始陈老师自己也并不太喜欢这地方，主要是因为买菜特别不方便。还记得有一次我们俩还有小张从新校区回来，离她家还很远的时候她就下了出租车，开始寻摸着在庙坡头村（当时还没拆迁）找地方买馄饨皮。我说：“你这么早就买了提着不远吗？”她说：“不远，真的不远，一会儿你就知道了，我家附近没卖的。”我们拎着馄饨皮走了一路，我才发现确实旁边买东西很不方便。好不容易快走到了，家里又打电话说馒头没了，回来的路上捎点儿馒头，我们只好又折回去买馒头。

我女儿很喜欢她家，特别喜欢在她家院子里玩。刚开始没有现在的唐城墙遗址公园或者大唐不夜城，外面实在是没什么地方玩，所以每次去了也都是在院子里转来转去。后来有了遗址公园，我们三个就带着我女儿在外面散步。她家小区门口对面就是“琵琶行”（一个雕塑），横卧着的一个大琵琶，我们三个聊聊天，孩子在我们旁边跑来跑去。

那段时光真的很美好。她家地方大，很自然地就成了我们的一个据点。有时候我把孩子送到幼儿园，我们三个也到她家去喝喝茶聊聊天，冬天就坐在家门口的露台上晒太阳，夏天躲在她家地下室，很凉快。陈老师是学日语的,家里很多布局装饰都带有日本风,我们都很喜欢她家的炕桌,冬天坐在榻榻米上,把腿放在桌子下面,桌面是可以加热的,还能固定住一个小被子,被子盖在腿上,很是舒适。有时候坐着坐着我就犯困,顺手拿个靠垫枕着人就溜下去,但还要忍着困意跟她俩接着聊,每次小张就会笑话说我"身残志坚",引得大家一阵哈哈大笑。

网络上有一首歌叫作《三个人的时光》,这个歌名打动了我。因为我也有那么一段三个人的时光,在我的记忆中静静地闪着光。

为什么说是在记忆中呢,因为小张五年前去世了。那时她才 34 岁,胃癌,从确诊到去世仅仅一个月的时间。她走的那一天,陈老师穿了一件青色的羽绒服,我俩在医院门口相拥哭泣,她的眼泪把羽绒服帽子边上的绒毛都打湿了。

送走了小张,我们几个平时走得近的同事(同事们关系很好,都是朋友)都不愿意回家,在外面走了很久很久。那天真冷,好像心都冻透了。后来还是走到了陈老师家,把腿放在炕桌之下,喝着热茶,快一个小时之后才觉得身上慢慢暖和起来。在相互的慰藉之中,大家也都开始调整心情,面对还在继续的生活。

小张是我身边送走的第一个亲友,她的突然离世对我打击很大,幸亏那时候有陈老师和我相互安慰。之后的几年,我们慢慢地将自己从失去小张的难过中调整出来。我仍然常去陈老师家玩,有时候我们全家到了遗址公园,也是打个电话把她叫出来一起在外面玩。

城墙遗址公园确实是孩子的天堂。我们带着我女儿玩滑梯、荡秋千,她玩得小脸通红,累了我们就回陈老师家去喝茶吃点心,还经常留下来吃饭。做饭都是我俩一起上手的,我的拿手菜是土豆丝,每次我们两家人坐在一起吃饭我都会做这个菜。她知道我要去,也会提前买好土豆放在家里。

我女儿管她叫陈妈妈,她也确实像妈妈一样对她。汶川地震之后大家都很恐慌，每天都在等着余震，晚上也不敢回家睡觉，她就让我们去她家，说这个建筑质量应该还是可信任的，大家在客厅打地铺，两家人一溜儿排开。可气的是我家这个小丫头不知怎么了，在她家狠狠地尿了一次床，我很不好意思，她让我不用管，我就真的没管。

后来我女儿大了，有一次陈老师说靠近曲江池那边有个特别好玩的爬绳子的项目，让我带着女儿去玩。我们一路溜达着走过去，发现这个项目还挺有挑战性的，用粗绳子编结成了梯子，得爬上去再从另一侧爬下来。我女儿人小腿短，爬起来费劲，她好不容易爬到一半，往下一看很害怕，就站在那儿哭了，我一向是个心狠的妈，让她自己想办法下来。陈老师一看她是真怕，就自己爬上去，在旁边给她擦眼泪，又是安慰又是鼓励，折腾了好半天，两个人终于成功地下来了。不料刚下来没儿分钟，我女儿又要再去，这次就勇敢多了。以后那就成了一个我们常去玩的项目。这件事已经过去四五年了，我女儿依然印象很深。

我们还带着孩子们去南湖划过船，在雁南三路遗址公园的水车旁边的餐厅吃过饭，还一起去逛过大唐不夜城，那都是些非常温馨快乐的回忆。

可是好景不长，2009 年冬天陈老师被确诊为癌症，接下来是手术、化疗、再化疗。漫长的治疗过程让人很揪心，我也只能挑化疗之后身体略有恢复的时候去看她。有时候带着女儿，她刚好看过一本讲耳部穴位的书，自称“掌握了一定的中医治疗方法”，去了就强烈要求给陈妈妈揉耳朵，揉完了问：“陈妈妈你好点了吗？”陈老师答：“嗯，我好多啦！”小丫头就很得意，觉得她给陈妈妈的康复做出了一点贡献。

陈老师精神略好点儿的时候，我会坐在她房间的椅子上，阳光从我背后的窗户洒进来，时光温和而恬静，我真希望它能停留在这一刻。

然而时光留不住，2011 年初，她也走了。那天我和朋友们满面泪痕，却已经没有她家的炕桌可以温暖一下了。

Hi,大雁塔

在无可奈何的时光里,让人欣喜的永远是孩子。在连续失去朋友的打击中,女儿的成长给了我很大的安慰。

她从小就比较爱玩,虽然再也没有陈妈妈家可以歇脚,我们仍是曲江的常客。上小学之后他们父女俩每天要从大雁塔经过,每周也会腾出一点时间去遗址公园玩一会儿再回家。这时她爬绳子已经非常得心应手了。

大雁塔我们不太常去,但是每个周末我们回奶奶家的时候,都要经过。小丫头每次经过的时候都会跟大雁塔打个招呼,大雁塔俨然已经成了她的老熟人了。她说:"妈妈,大雁塔真漂亮呀。""Hi,大雁塔!""妈妈,你看,大雁塔又在这儿等着我呢。""妈妈,大雁塔想我了哭了可怎么办呢?"

我们有时候带她去看看喷泉,因为我觉得住得这么近得让她了解大雁塔。2007 年她四岁,我带着她去大雁塔广场玩,在北广场东侧的回廊里玩捉迷藏,可能我藏得太难找了,我见她找不到走出来的时候,她正在惊慌失措地找我,眼眶里蓄满泪水,但还忍着没有哭,一看见我,扑到我怀里哇地就哭了。

2011 年春天,我和我同事带着两个小姑娘去南湖玩,两个孩子年龄一样大却性格迥异,她俩各捡了一个柳枝拿在手上,雯雯(同事家姑娘)把柳枝变成了一个花环,插了些小野花戴在头上。而我家的小丫头呢,却蹲在南湖边上,噼里啪啦地用柳条抽水玩。忽然脚下一滑,一屁股坐在了湖边的湿泥里,她想要迅速爬起来,却接着又滑了一下,衣服裤子鞋子还有手上全都是黑泥,我想给她把外衣脱了都无处下手。最后还是在同事的帮助下,脱掉了裤子,幸亏里面还有一条秋裤,又在湖边洗手擦鞋,折腾半天之后总算是能走了。她又觉得自己穿个秋裤没法见人,最终穿上了雯雯从画画班上带出来的围裙，好不容易打上车，奇装异服地回家了。一路回头率甚高。

还有一次是2012年的夏天，我带着女儿来唐城墙遗址玩，她非要去踩水车，结果水车还没转动，一只凉鞋就掉进水里去了。我眼看着鞋子在水里越漂越远，干着急没办法，只好把她先安顿在旁边一张椅子上让她坐着不许动，我去找一个长点儿的棍子。可是到处都打扫得干干净净，哪儿也没有我想象中的树枝。正在着急，一个保洁员给了我一根大约五米长的竹竿，说这是他特意放这儿的，秋天早上用来打落叶。我拿去蹲在水边，又是拨水，又是挑鞋，终于把凉鞋捞上来了。哎，带着孩子出去玩儿，总是状况百出。

2010年的夏天，我爸妈过来住了几天，我们每天早上就带着孩子出去转。最长的一天是从大清早开始，到了城墙遗址公园，让孩子玩了一会儿秋千之类的器械以后，就慢慢走到大雁塔南广场。我们进了慈恩寺，登了大雁塔，再出来到东侧的陕西八大怪的雕塑那里照相，我父母给孩子讲八大怪的来历。这些话题对于一个城里长大的孩子来说不好理解，他们又讲得特别耐心。在这个过程中照的照片倒是非常有趣。

到了中午，大家去大唐通易坊吃韩国烧烤，孩子吃得很香，老同志们的评价是："有这钱还不如让我去吃刀削面！"吃饭时想起当年寻找曲江春晓园的故事来，大家笑得都直不起腰。大雁塔周边的变化太大了，就连两位资深的西安市民也非常感慨，在这儿想找点儿泥泞的路来那可太不容易了。

我一开始就提到，对于曲江我是百感交集的。我就住在附近，的确是看到了这里的成长和变化。于我而言，曲江有很多的回忆，有快乐，也有无奈，不过这些都过去了。你看大雁塔站在那里，千年如一，我的这点儿快乐和悲伤在大雁塔的眼中实在不值一提。这里经受过的悲欢离合太多了，我们每个人都只是过客。

对于曲江这片地方来说也是一样,现在看到的曲江就是曲江吗?还是过去的曲江是曲江?我看都是,也都不是。它就是要不停地变化,唯一不变的只有变化。在沧桑变化中,我曾有过三个人的时光,也在这里找到过家庭相聚的快乐,看到了孩子的成长,我觉得这就够了。

坐车经过大雁塔,在玄奘的悲悯目光中,我觉得自己这些年的悲欢似乎都被他看在了眼里,广场上来来往往的人哪个没有自己的故事呢?在大雁塔看来,水流云在罢了。

采访手记

记忆永远都有多种味道,其中有欢笑,有悲伤,有怀念,也有感叹。人们面对依恋地方物质面貌的更改,特别是儿时依恋的地方,接受程度很低,因美好记忆失去空间支撑表现出惆怅失落情绪[①]。对于老西安人而言,曲江就是一个充满着记忆的地方,一个记录着历史以及人际关系变迁的地方。而大雁塔便是这众多记忆中的一个空间感知基点,是地方依恋与地方认同的促成因素。

作为地方变迁的见证人,时间和空间总是缠绕在记忆中的两条交织的线。诚如段义孚所言,在讨论空间时,必须将时间加入,因为人有空间感也有时间感,而空间与实间的经验多为潜意识的,人类也常常在某个动作中同时经验空间与时间[②]。当时间转变为空间,或者透过空间来表现时间时,地景——作为时间与空间概念的结合,成为人本主义地理学研究的热点。从大的尺度讲,曲江整体便是一处地景;而作为小尺

---

① 黄向、吴亚云:《地方记忆:空间感知基点影响地方依恋的关键因素》,《人文地理》,2013年第6期。

② Tuan Y. F., *Space and Place: The Perspective of Experience*. University of Minnesota Press, Minneapolis, MN. 1977.

度的大雁塔，它作为地景则暗含着三个层面的表述：地景作为“就在那里”，一个外于人类意义的、可测量的、物质的世界；地景作为世界的再现，好比地景在地景画中的再现；地景作为地上人们的参与，作为世界的经验，在此意义上，地景是有意义的、社会建构的地方，它包含了身体的与认知的经验[①]。正如段义孚所说物体可使时间停留一样，作为地景的曲江，它将记忆予以具体化，而透过记忆的方式，过去持续地向现在移动，就好像认同的形成一样。

---

① David B., Wilson M., *Inscribed Landscapes: Marking and Making Place*. University of Hawaii Press, 2002.

改　变

消失了的，我的村子

本文故事描述的柳先生，49 岁，原春临村村民，现暂住三兆村，拆迁户，等待回迁，采访地点为曲江三兆村（该村为曲江新区范围内为数不多的尚未拆迁的村子，里面聚集着很多尚未安置的拆迁户），时间为 2013 年 7 月 25 日 14 点到 16 点之间。

其实在我看来，寒窑那边没什么变化，就是多了一些建筑和景点而已。要说最大的变化，那就是以前的村子不见了，现在大家都基本租房子住，距离比较分散，已经没有了当初村子的感觉。对有些人来说，拆迁利大于弊，但对我来说，可能更不愿意拆迁。当然不拆是不可能的，我也支持这种发展，只是希望发展的同时要兼顾多方利益。

我是老大

我十一二岁的时候，曲江这片还相对比较落后，基本都是农田和荒地，到处长满了草，那时家里养了七八只羊，我没事或放学的时候就在离家不远的荒地和田边放羊。

打架一直伴随着我的成长。记得小时候，农村小孩儿早早就不念书了，在一起就喜欢打架，我就是其中的一分子。我生命中第一次真正意义上的打架就是寒窑附近的一次放羊引起的。那次放羊的时候因为贪玩儿忘了照看羊群，结果羊跑到一个小孩家的田里，踏了他家一些庄稼。那小孩和我年纪差不多，跑过来就对我说："这羊是你放的吧？"我说："是。"他指着远处说："你的羊把我家地都踩烂了。"说完就去拿树枝赶羊。其实他要是好好赶羊我倒没什么意见，只是他一边赶一边拿树枝使劲打羊，连我平时最喜欢的那只小羊也被他打了。我气冲冲地跑过去，二话没说就把他放倒了，打得他痛哭流涕。晚上，他家人找到我家，跟我父母说了这个事情。我爸一听，顿时火冒三丈，就把我给打了一顿。打那以后，我就想着要把我爸打我的再在他身上打回来。不过一直到我十九岁时，才和他又打了一次。

小时候，村子十来个小孩经常一块玩儿，最常去的地儿就是寒窑那边，最好玩的时候就属农忙，那时刚好也放假，我们就跟在家人后面帮忙。说是帮忙，其实也没什么事情。晚上，我们小孩儿就会玩打架，大家分成两派然后在草堆上打群架，当然是打着玩儿的。也就是在这一次次的打群架中，我练就了一身本领。

十五六岁的时候，我就不念书了。家里对我的管教不是很严，我自己也到处瞎玩。后来我后面也跟了一些小兄弟，我们还拜了把子，我是老大。虽然我年龄不是最大的，个头也不大，但是他们知道我比较厉害。说起来我们拜把子的几个人，个子高的基本属于被欺负的对象，我们村的“桩子”就是典型（之所以叫桩子，是因为他小时候个头很高，有点胖，大家开玩笑说就是个木桩子）。桩子很憨厚，性格怯懦，经常被人欺负，但我例外，后来他成了我的得力跟班，只要有什么事情他总是要跑来给我壮声势，树威信。我说一他从不说二。

现在的孩子很小就开始上学，而我们那时候念书是比较迟的，班里年龄大的孩子都有十一二岁。四年级的时候，桩子被他们班的“大条”欺负了，好像是因为玩球的事情。大条个子比他还高一点，没人敢惹他。我一听我的得力跟班被人欺负了，不行，我得出马。但是我有点害怕大条，就叫了几个人一起去。大条一见我们，就吓傻了。刚开始还嘴硬说：“你要是敢打我，我就让我哥来找你。”桩子一听就说：“你要是找你哥，我就去找我两个表哥。”一听到这话，再加上紧张大条便哭了。我见他哭，心想连手都没动对方就败了，就算了吧。不过那次以后，桩子逢人便说那天的会面，吹得天花乱坠，什么无影脚都出来了。他挺可恨的，自己吹自己勇猛。没过几天，因为课桌界线的问题又被他同桌打了，我又一次帮他出头，到了一看，竟然是女的！

挣钱养家

十九岁那年，我和我老婆认识，她是邻村的，我们当时已经见过几次面，不过还没有确定关系。那个放羊时和我打架的小子又出现了，这次是情敌。那小子家里兄弟多，在我们村一直很盛气凌人，村上的小孩也都惧他们几分。过去我不怕他们兄弟，也不惹他们，不过有一次我们在附近用土狗撵兔子的时候又遇见了。当时我是跟着一个朋友去的，他刚好在那一片转悠，也跟着过去看热闹。大家在一个河岸附近活动，我知道他对我一直心里不爽，我想修理他，想必他也知道。那个时候年少轻狂，我就等着找个借口两个人再较量一下。后来，我就听他一直在骂狗怎么追不上，我便找机会反讽他："有本事你去追啊。"他一听就火了，过来就要挑衅。结果我三下五除二把他放倒了，他恼羞成怒就要找"武器"。我一看，不如先发制人，抽出身上的皮带，再次把他放倒。这一次比较严重，因为是拿皮带的前部分抽，上面有铁，并且夏天穿的衣服又少，所以打完之后他身上伤痕累累。他的几个兄弟听说以后都很生气，扬言要把我好好修理一顿。我一想完了，一场恶斗就要来了，便叫上几个兄弟，拿着刀准备迎战。不过后来他妈把他们劝了回去，又亲自来我家找我父母，我爸妈给他们赔礼道歉。晚上我爸用我打那小子的皮带，把我也打了一顿。不过毕竟是自己的儿子，用的是皮带的尾巴，虽然疼但没有伤。第二天爷爷过来说："你小子真可以，这一阵子少出门，在家给我好好反省反省。"其实我知道爷爷是怕我出去再挨打。

结婚以后我的脾气收敛了很多，并且也觉得打架实在是很愚蠢的事情。有了孩子以后我就开始意识到自己的责任，要去好好挣钱养家了。我自己先后干了很多活计，小打小闹结果都不咋样。后来有一次跟朋友去外地打工，是用三轮车从山上往下拉石头，工作条件很艰苦，干了一年多，累个半死，也没挣几个钱，就又回来了。在山上干活的时候，整整一年没有回家，过年的时候我非常想家，想这块地方，想田地和水沟，想走在南湖边，也想到大雁塔，但最想的还是孩子。那个时候打电话还不太方便，主要还是靠写信，过年的时候我收到孩子写给我的信，他年龄还小，不太会写字，写得歪歪扭扭的，具体写了哪几个字我不太记得，大概意思就是说我辛苦了，他很想我。当时看到孩子写的信很感动，眼泪都流了下来。我前思后想，还是觉得家里好，过了不久就回来了。到家以后拿了点钱，去学了驾驶。

学成以后跟人跑面包车，有时候拉人，有时候拉货。那种闲散的跑车渐渐也不景气了，我就又在家里搞起了养殖，挣了点钱，基本也够维持一家的生计，混得也一般。

老婆就去摆摊，卖点油炸小吃水果什么的。她性格比较较真，爱唠叨，不过心肠很好。我记得有一年，那天晚上娃放学后就跟他妈在一块，晚上突然下起了雨，我顺路跑过去接他们。开始雨不大，走到半路就越下越大，还刮起了大风。我们赶紧找个地方避雨，刚好走到以前村子附近的亭子那里，于是就在那儿躲雨。亭子一面有碑，不过三面漏风，风夹杂着雨，还是打到亭子里面。我和老婆围住娃，挡着两边的风。娃基本上淋不到了，但我们两个衣服也湿得差不多了。就这样持续了有十分钟，雨渐渐停了。回到家，我倒是没事，老婆却生病了，在小药房打了几天点滴。我让她好好休息，她却总是念叨事情被耽误了，家里的事情没人做了。平时听她唠叨总是很烦，但是那次却很感动。我平常在家几乎什么都不做，但那一次也开始洗衣服、做饭。连续做了两天饭，因为太难吃，娃就不愿意了。老婆就又开始唠叨我做的饭不好，家里养的小狗都不吃。那个时候我才感觉到这个家还是老婆操持得多一些，她比我辛苦。

我现在在一家单位开车。单位在西郊，很远，上班比较麻烦，幸亏单位有班车。不过班车得准时到指定的地点候车，是人等车，车不等人的。原来单位在青龙寺这边，现在搬了过去，每天单位的班车送员工到自己住的地方。

村子拆了以后，以前同村的人就住得分散开了，东西南北都有，很少联系，各忙各的，谁也不知道谁在哪儿，村民之间的关系也和以往不一样了。过去村子的感觉不见了，大家都住在自己的商品房里，串门什么的非常困难。想想过去的生活也挺感慨的，一眨眼几十年过去了，在寒窑那一片发生的许多事情还时常出现在我的记忆里，我从没想过寒窑这一片有这么多文化蕴含，而且还开发成了景区。

盼望回迁

在寒窑的地被收购之后，我们家就搬到邻近的村子来了。在2010年拆迁的时候，我们都签了回迁协议，允诺等盖上新的房子以后，我们大家还可以回迁到原来的住址，但是直到现在都还没有动静。我们其实很关注什么时候能回迁，只是好像曲江也没给我们明确的答复。我去回迁的原址上看了一下，售楼部是盖好了，但房子连影子都没有。身边的人都说："三年了，都没动一砖，想几年回去是不可能了，别说三年，六年估计也回不去。"

现在我们在邻近的村子也是租房住，不过这边也快要拆了。要说租房的话，现在小区租个房子没有一千块钱租不下来。我们住的房子比较便宜，三百来块钱，当然条件也不好。在过渡期间，曲江给补贴三百块钱，但这个补贴肯定是不够的。过渡补助费这方面也不公平，我们村是和附近的村一块拆的，但人家村民现在一个月的补助就比我们多。其实村委会很多时候是不管用的，管不了这些事情。大家也挺想回迁的，但是工程也没什么进展，当时签合同的时候说是三年就要回迁。但是如果他们违反协议了，咱也是胳膊拧不过大腿的。

村民想和拆迁办沟通很难，一群人拧不成一股力量，指望谁呢？现在的情况就是，我和少数的几个村民在这个地方住了三年，别的地方住的那些村民平时的联系就很少，他们迁走的时候都不来找我们，想联系也联系不上。虽然各地都有代表，但是也不起多大作用。

想想还是以前住自己屋比较好，做什么也都方便。现在租的房子，晚上有时候都不敢大声说话，楼上住的人多，怕影响人家休息。原来自己的院子也是盖了几层楼，把房子租出去收入也不错。拆迁补贴的每人十五万也就是几年时间就花完了。现在就指望着房子盖好以后能回迁，房子一天没弄好，心就一天还是悬着的。

现在我们也不经常回寒窑那边，大家都走了，也没什么可看的。这块交通也不是很方便，现在电视塔那边的那条路已经修好了，刚好就路过那边，顺便看一下。有些人就很希望早点回去，也有些人希望多在外头待。家里情况各有差异，人的想法都不一样。我对曲江这边的建设本身没有什么意见，只是对现在很多问题没有解决不太满意。虽然是这样，我们还是希望越建越好，因为不论全国哪个城市都是在发展，不可能还是像原来那样。就是希望在发展的过程中，要把想到的事情安排好，像现在我们住的这个村是最后一个村了，也面临着拆迁，差不多也就三年。据我了解，大家都愿意住在自己的房里，八成的人都不想拆。

以前看其他地方拆迁，发生过打架甚至死人的事情。当时不理解，现在想来其实没人想闹事，只是我们农民在一块土地上生活了那么多年，也不能随便就叫人拆了。有许多事情得多做点工作。农民毕竟是弱势群体，开发的人也不能把我们看成是一个个数字。一个人不是值 30 平方米，不是值 15 万元，而是要看具体情况。这种态度有了，我想大多数人还是配合的。拆迁给很多人带来了好处，也伤害到一些人的利益，怎么看待这些事情，我觉得曲江还得好好考虑一下。

采访手记

放羊，打架，娶妻，生子……曾经的村子滋养着故事主人公生命的每一个阶段。在城市化的浪潮中，他“生于斯，成长于斯”的乡土上再不见孩童放羊的身影，再不见孩子放学后在田地里游戏打闹，取而代之的是钢筋水泥的建筑和新建的景区。不管曲江这片乡土如何改变，无论他身处何方，他的心灵始终依附这片乡土。段义孚认为乡土依附是一种全球性的普遍现象。它是人们的一种心理状态，在此状态下，人们将乡土视为如同滋养生命的母体，是汇聚激励人们努力的美好与光彩行为所在之地；也是心灵空虚时，或在他四处奔波寻找生机时，内心安身立命之处[①]。

村子消失了，地域空间上的邻里散了，但是具有社会意义的空间——邻里关系却并没有改变，人们心理上的“熟人圈”并没有变化，人们在通过自己的努力维系着这一关系空间。因此，寻找新的载体来替代原居住空间对邻里关系的承载是很有必要的。

社区空间首先是居住的空间，居民对社区产生的强烈“地方感”透过各种表征（影像、符号等概念性的空间想象）而存在，地方感的表征又参与到主体认同的建构中。虽然拆迁使居民离开了原社区空间，但是居民的搬迁并没有使构想层面的原社区随之消失，构想的原社区空间在居民的强烈认同感中得到再现和强化，使得居民对原社区产生更多的依恋感。这不利于居民在“过渡性居住”阶段对新居住空间的认知，从而影响人们在新环境下的发展[②]。

---

① Tuan Y. F., *Space and Place: The Perspective of Experience*. Minneapolis, MN: Minnesota University Press, 1977.

② 张伟：《城市拆迁中居民“过渡性居住”问题研究——以石家庄市东风小区为例》，河北大学硕士论文，2011年。

改变了，我的生活

本文故事描述的李先生，50 岁出头，曲江池遗址公园小火车司机，原曲江池村村民，采访地点在曲江池遗址公园门口，时间为 2013 年 7 月 28 日 15 点到 17 点之间。

说起曲江这个名字，我的感受是很深的。因为过去我就是曲江池村人，现在又在曲江池景区工作。作为土生土长的曲江池人，曲江的发展给我的生活带来了很大的变化：分到了房子，拿到了补贴，还在这边找到了工作。与其让我说说曲江，倒不如说说自己。大政方针我也不懂，谈一点生活经历还是可以的。

“宜春院”还是“怡春院”

小时候，爷爷告诉我曲江池在秦朝时候叫“宜春院”，唐朝时叫“芙蓉池”。那会儿不知道“宜春院”怎么写，一直以为是“怡春院”。看电视剧时，还以为是个妓院的名字，以至于我以为古装电视剧上所有的“怡红院”“怡春院”都是在这个地方，后来才知道自己有多傻。

爷爷要走了

爷爷有时会给我讲西安的历史，虽然东一句西一句，但是讲得很认真。他平时没什么正事，就喜欢打牌。小时候我经常去叫他回家，因为他总是打到天黑，中午有时还在别人家吃饭，家人还是希望他别这样。我就经常被派去找爷爷，我一去他就说："小子，打完这一局就回，你先回。"我一听，心想任务完成了，就回去了，结果他还是没回。之后我就有经验了，他再这么说我就不相信，在他旁边缠着。不过他也有对策，就是假装听不到。我一吵得厉害，他就说再打一局就回家，结果还是打了很多局才回。家里人开始给我出主意，让我说有人来找他，正在家里等着呢。于是，我兴冲冲地跑过去和爷爷说家里有人找他。爷爷问是谁，我说不知道。爷爷说，那好，打完这一局就走。结果还是打了几局才走。回去之后他发现没有人来，但也并不生气，自己便去收拾一下家前屋后。再后来，说有人找他，渐渐地也不管用了。开始我还装得像真的似的，说那个二爷、三姑父什么的来找他，后来也就没有激情去骗他了。

除了打牌，爷爷还会去听秦腔，听完了还要唱。每天他听完了回来，嘴里面就一直唱，和他说话也不理。嘴里唱着："你二人原是……一胎养……"看见我家的狗阿黄，便走上去摸着它唱道："你自幼是额……亲抚养……"阿黄一听觉得没意思就走开了，他就指着我唱道："论起来……你还是……兄长。"哎，什么跟什么嘛，我一听就问："爷，什么兄长，你指我干啥？"爷爷便用手敲我的头说："嘿，愣娃，唱戏呢……"然后，我们都笑了起来。

现在，我也到了当爷爷的年龄了，时常想起他。有时候，给别人讲曲江池、讲西安，也还是爷爷当年给我讲的那样，翻来覆去也就是那几句，就好像是爷爷借着我的嘴巴在讲。我发现自己给小孩讲话也越来越东一句西一句。这就是传承吧，就像爷爷去世前说的"人就是一代传一代，我死了还有你们嘛"。

爷爷去世的时候，我们都在身边。他得了病，剩下的时间不长了。虽然我们瞒着他病情，但他自己心里清楚。记得有一天我去看他，他费力地说："爷爷要走了。"我一听很难过，便哽咽着说："爷，能不能不走？"爷爷笑了，像过去一样说："愣娃！"那是我最后一次和他完整对话。很多年过去了，关于他的一幕幕经常在我脑海里出现。

现在我女儿也有孩子了，才一岁，我经常抱着他玩。有一次我躺在床上看电视，把他放在肚子上，我一边看电视一边和他"聊天"，突然他不动了，静静地看着我。我还感到奇怪，也看了他一眼，我说："愣娃，想做啥？"他还是没反应，坐得很直像个大人。我便继续看电视，没理会他。接着我就遭殃了，他一下子尿到我脸上。我女儿跑过来，看到我脸上和脖子上的尿，便大笑起来。吃饭的时候我讲给大家听，大家都说这孩子将来长大了一定要给外公多买好吃的。我说这娃有胆识，将来肯定有出息，大家都哄笑起来，娃看大家笑也笑起来了。

纯属刁难人

以前为了谋生，我做过很多事：做生意、打工、开出租车。曲江池公园开园一年后，我才找到了这份开小火车的工作。工作地点离家很近，而且比较稳定，所以我觉得还行。我用补偿款买了辆私家车，上班下班也都方便。早上上班之前，在南湖附近跑跑步，锻炼锻炼身体，偶尔也会陪着家人在湖边走走。有一段时间，老婆迷上了广场舞，我就说，这有啥意思嘛，便笑她跳得难看。不过她也并不在意，还说有本事你学学。我一听就认真了，学就学。于是在家里开着录音机就开始跳，结果我学得不伦不类。小女儿拿着相机在家里拍我跳舞的动作，一边拍还一边笑。老婆看到我跳舞的样子，轮到她笑我了，一边笑还一边学我笨笨的动作。

我的工作就是每天开车带游客在园子里转，习惯了游玩的人在观光车上上下下的场景，大体上，看到的表情都是高兴的。每天听到他们的笑声，看到一家人在一起的快乐，我也感到心情不错。要说发展旅游是很好的，尤其是我们这种对外免费开放的公园。许多市民和西安近郊的人甚至外地人都要来逛逛，这也是曲江发展给社会带来的好处。我这个工作虽然看起来轻松，但是上班时间很长，一般情况下从早上 9 点到晚上 11 点，说起来也不轻松。旅游旺季的时候人多，工作忙一些，也比较累，每年 7、8、9 三个月算是旺季，当然工资也会相对高一些。一年下来，平均一个月三千块钱左右，不算多，但是干得也还算踏实。

我的工作大体上比较顺利，也没有那么紧张，只是偶尔会有一点小困难，主要是和游客之间的事儿。我们搞服务行业，说话都比较客气、和善，绝大多数游客都是好的，你高兴他也高兴，但是偶尔也会遇到麻烦的客人。有一天来了一个女游客，四十岁左右，要租一辆自行车。我们这儿有小火车还有自行车。我们租车是有条件的，要押金，要证件。这个道理很简单，你提我的车子，我们要知道你是谁，要核对你的证件，填写证件信息。知道你是谁之后，押一部分钱表示信任。她来了就说："你们的事太多了，又是押钱，又是要证件的，纯属刁难人！"气势汹汹地直接就是跟你吵架来了，我说："不好意思，你去跟我们的收银员商量，如果她能白给你，你给我一张卡,发车有一张卡。”不过她还是那样,还在责备我们。当然我对她是挺客气的,不过有的道理还是得给她讲清楚,毕竟我们有制度和规定,弄不好是要担责任的。后来她很不高兴,我给她拿车的时候说:“咱这来玩的,要玩得高兴啊,你如果不开心,大不了不玩了。”你说我说这种话应该不过分,也是为她考虑,如果她不开心,那这车就不租了,出来就是图个高兴嘛。我说:“你看你,如果不开心、不高兴,咱不租了行不?”她说不行,火冒三丈,后来又跑到服务中心去找领导,不过她去的时候那边已经下班了。这个人脾气也不好,为这点事情就生气,最后心脏病犯了,被120急救车拉走,想想真不值。我想她也不是拿不起钱的那种人,就是不愿意往出拿。遇到这种事情,我们还得在后面赔不是,领导也要出面赔礼,毕竟影响不好。

其实这件事情只是比较典型而已,很多时候有一些素质不高的游客,会给我们找麻烦。有的事情明明很简单,是大家都要遵守的规则,他们却不明白,还要无理取闹。其实不仅是女士,有时男的也很麻烦。有些男士总感觉很牛气,做什么都盛气凌人的样子。先不说他们有没有钱,光是那种自高自大的态度就不好。出来游玩是一件放松的事情,但是也不能看不起我们这些服务人员。我从一个农民到现在的服务员,还是有一个学习和转变过程的。但是其实如果一个人心肠好,你真心对别人,别人也会尊重你。

我的速画像

我有两个女儿,大女儿已经有一个儿子了,小女儿还在上高中。老婆以前种点菜,现在在一个酒店里做保洁员。两个女儿的事情一直是我最挂心的。我大女儿比小女儿大七岁,小时候也很少吵架,相处得很好。我大女儿前年结的婚,女婿是她高中同学。提起他们还挺有意思,得从大雁塔说起。有一年我开出租车,刚好路过大雁塔附近,正巧看到他们两个在约会,那个时候我女儿才上高中。我一见当然很生气,就跟了上去,他们走着走着就分开了。我女儿往家里走,那男孩走到公交车站牌等车,我把车开过去,隔着车窗问那个男孩:“你去哪里?”他倒是认出我了,说:“叔叔好,我回家去,不用麻烦了。”我说你上来,这回不上来是不行了。然后他两腿筛糠,上了我的车。我就跟他聊了起来,问他刚才跟我女儿干嘛去了。他说,放学了一起走。我说放学了怎么就你们两个人一起走,还要拐到大雁塔去。他也没说话,我看他大概懂我的意思了,便跟他说你们还在念书,以后别再找她了,再找她我就把你扔进南湖里。小子听到我的话,筛得更厉害了。小孩哪里经得住大人吓唬,有一段时间他就真没找过我女儿,后来才知道改写情书了。高中毕业以后,我女儿考得不好,进了一个民办高校。男孩上了个二本,也在西安。上大学之后,他们俩就一直在一起,毕业之后就结婚了。总的来说,还算是修成正果,现在有个儿子,生活还不错。

我小女儿是学美术的,她学得比较早,现在画得有模有样,经常在曲江这边写生。过去一到节假日她就来曲江池附近画画。我们有时在园子里遇见,因为工作的原因,只是示意一下。有时我会看她画的东西,画得就和真的一样。还有很多亭子、塑像、湖的速写,虽然笔画不多,也很有意思。有一次我在她房间无意中发现一个速写本子,打开后,瞬时惊呆了:里面有很多速写,几乎全是我工作的样子,还有几张是她妈妈的生活速写。每一幅画得都不一样,上面写的字也不一样。有的写“爸爸开小火车,很洋气”,然后把我的头发画得随风飘荡;还有“爸爸今天像个雕像”,把我的脸画得和黑人一样;还有“今天很热,我送了他一瓶水,他摸了我的头”,这一幅应该是最早的,画得好像还不是很细。有的画上记了时间,有的没记,有的画得很像,有的则有些变形。不管画成什么样子,我都喜欢。

看画的时候女儿没在家,我看了很久,也很感动。随后把她妈妈叫了过来,一起看。她妈妈看了眼泪汪汪地说:“画得真好!”最后我还是把画按照原来的样子放了回去,女儿也没有发现。那天之后,每次在园子里见到她总是要冲她笑笑,做个手势。

不舍的老宅

过去,曲江池这一片挺荒凉的,曲江池村和别的村也没什么区别,直到曲江政府来改造这里。曲江池村从农田变到曲江池景区,其实也就是一年内的事情。2007 年这里拆迁,2008 年就把曲江池景区修好了。我们是 2007 年 7 月 28 号搬出曲江池,第二年的 7 月 1 号便开园了。这么大的园子曲江只用了一年的时间,中间又加上地震、暴雨,应该说曲江的发展是神速的。

村子拆的时候我们一家人都在场。看着挖掘机把生活了二十多年的房子推倒,心里感到很难过,老婆和孩子们都眼泪汪汪的。挖掘机把屋顶掀掉,四面墙里面露了出来,看着就想起过去的点点滴滴。我对着屋子说:“老宅老宅,再见了。”那个时候就真正理解了那句“金窝银窝不如自己的狗窝”。虽然心里充满了不舍,不过我也知道这是应该的。小女儿还写了篇纪念老房子的作文,得了奖。想不到现在的小娃也会有这种情感,表面不说其实我心里很欣慰。

拆迁之后,我们集体迁到了雁湖小区。当时拆迁安置的方案是每人给 30 平方米住房面积、15 万元的补偿款。我们应该是很早的一批因为曲江建设而拆迁的居民,补偿的力度相比后来的那些人要小得多。虽然很多人说,别人分的房更多,收到的补偿也更多,但是我觉得只要有一个良好的心态,就不会感觉不平衡。我听说很多被改造的住户,给他们几套房他们都不满意。表面上好像是以后都没有地种了,但实际上,种地那会儿哪有现在好?像村里拆得早的,相比较钱给得少、房子也分得少,但是钱这东西多少是个够呢?我就觉得主要还是人的心态。钱不用太多,还得靠实际,得靠工作、靠劳动。现在自己在景区，也算是有一份工作，而且比以前的工作要稳定多了。拆迁时给的钱也不多，一家人花费实际上很大。很多拆迁户刚分到钱和房子时，觉得自己好像一下子富有了，然后他们什么也不干，就大把地花钱。几年以后发现，这样子不行，然后又去谋生路。家里的孩子上学要花钱，家人吃穿住行要花钱，要是坐吃，那点钱很快就没有了。我在这份工作之前闲在家里一年，什么都没做还花了六七万。你看，现在的消费高了，事情也多，钱不经花。

我们曲江池村被集体安置在雁湖小区之后，村子成了城市小区。人还是那些人，村上管事的也没什么变化。我们一起搬到小区以后，生活条件比过去好了。因为我们是一个集体，许多事情都可以自己组织和操办。比如物业这一块，我们就自己安排，不像其他小区，中间再经过物业公司什么的，牵扯的问题很多。许多事情我们还和过去一样，大家的权利还是比较有保障的。这一片现在发展起来了，平时生活购物也方便。

曲江在这边的建设，首先是让环境变好了，再者也吸引了很多商家。我们平时就可以在南湖、大雁塔、不夜城这些地方买东西、散心。现在有自己的车子，有空就开着车去城南山里玩。那里风景好，空气也新鲜。去年和孩子买了一些野外的用具，包括帐篷、地毯之类的，有空带点吃的就可以去野炊。虽然机会很少，不过大家在一块儿的感觉是很好的。

我们一家人在曲江这一片度过了很多美好时光。听说曲江很大，不过对于我来说，曲江池就是曲江，因为这里是我的家。我常常想，曲江之所以叫曲江，就是因为曲江池这一片而得名。曲江池过去是我住的地方，现在也是我工作的地方，想一想也没有离开这里，还是靠着这块土地吃饭。

一提到这里，大家都觉得房价高、环境好，过去的村子和荒地也变成了西安最高档的地方了。我觉得这是一个很大的进步，是时代的发展。过去我是一个农民，现在成为一个服务人员，这就是时代给我的安排。曲江改变了我的生活，我也见证了它的变化和发展。

采访手记

“听说曲江很大，但是对于我来说，曲江就是曲江池……”岁月流转，曲江池村在曲江这个大版图里早已变了模样，故事主人公的生活也在改变。他和老伴离开田地，投身到曲江旅游发展中，成为了旅游工作者。他们受益于曲江的改变，生活水平有了明显的提高，人居环境也有了很大的改善。然而在他的认同里，曲江就是他生活过的那个村子——曲江池村，因为自己依恋的这片乡土上有太多关于“家”的生活记忆。乡土是一个人生命终极关怀之所在。乡土认同的空间必须同时满足“视觉的空间”“生活的空间”“主体的空间”三个条件，乡土认同的形式虽然呈现多样化，但是最重要的却是对生活空间的归属感[①]。

比上一个故事幸运的是，这则故事中的老大爷原来所在的曲江池村被集体安置在了回迁小区中，许多事情还是像原来在村子里那样去操办和组织，保持着原来的邻里关系。这样的回迁模式重建了原有的生活环境和文化，包括制定与原居住地相同的规章制度、重构原有社会关系[②]，也让那一份乡土认同得以延续。

---

① 卓世宏：《国民中学一年级学生的乡土知觉与乡土认同——以台东县为例》，台东师范学院教育研究所，1998年。

② 王莹：《城市化进程中城郊拆迁致富农民社会适应研究》，兰州大学硕士论文，2011年。

选择与变化:我的大雁塔

本文故事描述的陈女士,28岁,银泰商城某女装专柜店长,采访地点在银泰商城某女装专柜,时间为2013年7月22日9点到11点之间。

人的一生就是一个不断选择的过程。高考的时候,我第一志愿填报的是沿海城市,但由于分数不够还是选择了留在西安读大学。那段时间觉得人生的选择不一定都会实现,无论自己去了哪里,只要学着适应就好了。大学毕业之后,我又一次做了选择以弥补过去的遗憾,所以我去了杭州。在杭州度过两年之后,我再次做出了选择——回归西安,来到这个叫作曲江的地方。

记忆中的大雁塔

我现在是做服装生意的,从毕业之后一直做到现在。当时是跟着男朋友去的杭州,想在那边有所发展。到了杭州不到一年,我便和男朋友分道扬镳了。开始了一个人在杭州的生活,总是有些孤独和辛酸。工作和感情上的事情,时常让我感到社会的变化和世事无常,很多时候总感觉自己的生活飘飘荡荡的,迷失了方向。在这段时间里,我想念家人,想念家乡,但是又觉得不甘心,所以咬咬牙继续做自己的事情。那个时候,真的觉得这不是自己要的人生。但命运的安排就是这样，我应该做的就是要努力去适应。

在杭州的时候，逢年过节我很少回家。每次下班回到家里，习惯性地转到陕西电视台，看看家乡最近发生的变化。所以只有出门在外时才知道家乡有多好。刚到杭州时吃不惯杭州菜，觉得味道太甜，所以总是在怀念家乡的味道，家乡的油泼辣子。每每和家人通电话时，我都是报喜不报忧，嘴上不说想家也不念着家里好，说了怕家人担心自己在外面的生活。话说回来，那个时候好像也没什么喜事可报。平时有空常和杭州的朋友去灵隐寺玩，但每次去我总是会说：我们西安也有很多寺，大慈恩寺离我家就不远。然后我会问他们："有没有听过大雁塔，就是给唐三藏建的那个塔？"有几个朋友说："啊，真的有唐三藏啊？"我说："当然，还有孙悟空呢。"然后我就给朋友们讲唐三藏取经和大唐文化。虽然自己对历史和文化也只是懂点皮毛，不过那种对家乡风景的天然熟悉，是无法抹去的。其实就是"乱侃"，倒是那些朋友听得一副崇拜的表情。

还记得有一次过年没回家，和另一个西安姑娘在自己的小屋子过年。晚上在厨房做饭时朋友突然大喊："快来看新闻，快来看！"我赶忙跑过去，原来是新闻播着大雁塔那里在放烟花。准确地说是我看到烟火中的大雁塔在熠熠生光。我们两个看着烟花，笑得也像烟花一样灿烂。那天夜里看完春晚后，我俩在床上聊了一宿。我们聊起了西安，聊起了大雁塔，聊哪里的泡馍好吃，哪里的胡辣汤正宗，聊小时候的事情，聊大雁塔下怎么和男朋友约会……两个人说着说着，一个西安的全貌被编织了起来。聊完大西安，我又开始编织着曲江的景象，开始描述我小时候看到的神奇世界：湖边的水草长得有多么旺盛，小时候觉得塔顶是可以通天的……而那些故事里的场景时常会出现在我的梦里。那一次，我们聊得非常深入、非常投入，我都不敢相信自己有那么好的文采！

相约大雁塔

那年过年之后，我作出了一个重要的选择：回到西安。说实在的，结束漂泊的生活，这种回家的感觉真好！在朋友的介绍下，结识了我的先生，他也是西安人，人很好。我们很聊得来，就像认识了好几年一样。不到一年的时间我们就结婚了，说起来其实挺快的。我的闺蜜常说："遇到这样的人就赶快结婚吧。"

拍婚纱照的时候，曲江的古典美就显现出来了。我们一同走过城墙，在南湖上泛舟，在大雁塔下私语，在芙蓉园里嬉戏……婚礼时我拿着话筒对所有的人说："愿这座古城见证我们的爱情，大雁塔陪伴我们白头偕老……"

婚后的生活平平淡淡，但却充满着幸福。每天下晚班后我们都会到大雁塔北广场东侧见面。在熙熙攘攘的人群中，突然有个人出现了，我会第一时间认出他。就是这样的一次次见面，让陌生变成熟悉，让熟悉变成感情。我们已经习惯了这里，习惯了广场上的人群，习惯了走在高高的大雁塔旁边。我也习惯了看到他的时候，他还没看见我；习惯了他看到我的时候,我还在寻找他。我不觉得这有多浪漫,但时间久了便是一件浪漫的事儿。

老公在一个设计院工作,学历也比我高,虽然平时有点闷,但骨子里还是很风趣的。经常为我带花或吃的,而这些点滴加起来就构成了完满的爱。我们在一起主要讨论各自工作的事情,其次就是家里的事情。偶尔也聊聊感情,他总是说:“感情就是设计,有好的设计才有好的感情。”我也毫不介意他这样说,因为他经常用这样的句式讲话,比如“人生就是一场设计,设计不好就过得不好”,还篡改了名言,“天才,就是1%的天分,加99%的设计”,然后还要来一句,“1%的天分,归根结底是设计的天分”。当然,许多时候我们的聊天都是开玩笑式的谈论。大多数时间都是这样和谐的,但偶尔也会拌嘴。

前一段时间有个有趣的事情。我带着表姐家的孩子去大雁塔东边大唐通易坊的陶艺吧做陶器,大家都很有兴致地做着陶器,我也在做。回到家我老公就笑我,说我做的是“夜壶”。我非常生气,因为那一点都不像夜壶。后来他总要取笑我,为此我两天没理他。最后他说:“哎呀,这个真是艺术品,很有品位。”我以为他嘲笑我,便问道:“有什么品位?”他说:“其实艺术品倒没什么品位,主要是艺术家有品位。”女人就是不经夸,他一夸我就笑了。我说:“你觉得我属于哪种艺术家?”他想了半天说:“我觉得你是东方的民间艺术家。”我反应了半天,结果他笑得前仰后合。我说你笑什么,他说:“东方民间做夜壶的艺术家!”说完我也被逗笑了,然后冲上去拳打脚踢。曲江、大雁塔、陶器,它们就是这样渐渐融入我的生活。

今年夏天,杭州的一个好朋友来西安。在杭州的时候,我跟她讲大雁塔是一群和尚念经的时候,一只大雁掉了下来才叫的大雁塔。当她来到大雁塔之后,她很惊奇我居然离这个塔这么近。除了大雁塔,我们还走了曲江的很多地方,包括大唐芙蓉园、曲江池遗址公园、城墙遗址公园、寒窑……

她说自己从没想到原来西部地区也这么漂亮，这么发达。南方人总是觉得北方，尤其西北地区都是非常贫瘠的地方。许多南方人都有一种莫名的优越感，这是我很反感的。我对我朋友说，大西北也很漂亮、很发达，所以说耳听为虚眼见为实。因为许多人并不了解西北，他们对西北充满了偏见和无知。在寒窑，我们一路嘻嘻哈哈地谈论着爱情。我不停地讲我的老公，她也不停地抱怨自己是大龄剩女。她问我这个地方为什么叫“寒窑”，是因为北方很寒冷吗？我说不是，给她讲起王宝钏苦守薛平贵18年的事情。她说想想过去的人就是纯真，我是不会苦守谁18年的，18个月估计都难。她在我这里待了四天，中间还带她去爬了山，玩农家乐。她说西安吃的真的很棒，虽然有点不习惯，但觉得很好吃。肉夹馍吃得嘴麻麻的，胡辣汤比肉夹馍更麻，刚吃了两口嘴巴就没知觉了。分别的时候她说：“姐姐，以后有空要来杭州找我。”我忍不住眼泪就流下来了，因为这是她第一次叫我姐姐。她抱了我一下，那种温暖让我想起几年前我无助的时候拥抱她的记忆。上飞机之前，她给我发了短信：我会常常想念大雁塔的，你在南湖好好的，我回西湖找我的许仙去了……我笑得很开心，回了她：永远的好姐妹。法海要是敢欺负你，我就让三藏灭了他！

现在我还时常惦记着杭州的妹妹，偶尔给她打个电话。倒也不是专门聊些什么，只是这些偶尔的问候，能让人想到自己走过的地方。人总是善于忘记，有些事情、有些情感会随着生活一天天的重复被遗忘。但是有些东西会勾起这些记忆，就像大雁塔在提醒着我的青春，西湖提醒着我的漂泊生活一样。

不变的大雁塔

从杭州回来后，我选择到曲江创业。几年的时间没有好好看西安，回来后我发现西安的变化很大。曲江又是西安变化最大的地方。我之所以会选择来曲江这边创业,一来是离家近,二来是这边发展比较好,市场空间很大。在南方积累的经验,让我很快进驻到大雁塔南广场的某商业广场。曲江这边的商场客流量不大,但是消费者的消费水平和素质比较高。外地人也有,但是很少会在这里买衣服。淡季的时候买的人很少,遇到天气不好就更少了。

我的生活相对比较单调,因为行业性质节假日会比较忙。平时上班虽然不是太累,但是也会有一定的压力,我毕竟是店长,许多事情要由我来操心。有时候淡季顾客实在太少的时候,我也会着急。好在曲江这边毕竟是新的市场,而且发展也比较快,所以有些担心也是多余的。想想以前曲江这里都是农村,现在哗地一下子成了西安环境最好的区域,变化真是挺大的,所以我想市场应该也是这样的。不过现在曲江这边还存在两个问题:一个是基础设施的建设还不完善,另一个是生活条件的不便利。我家离这里不太远,倒也罢了。我的很多员工平时坐公共汽车很不方便,许多人很不愿意到这边来上班,大家觉得有点远或者交通不便利。

刚上班的姑娘十八九岁,有的才十六七岁,开始工作都会有些不适应。有时候她们也会抱怨,甚至会跑来找我理论。所以有些时候我也会考虑到具体情况特别照顾一下这些孩子,或者有时给他们发点小福利或者大家出去聚餐,偶尔大家也会一起到附近的景区去玩一天。时间长了,感情也就深厚了。有个姑娘,过去总是抱怨自己路远,后来我就跟她说,店里要是不太忙,你可以提前一点回去。不过时间长了,我们感情处得好了,她倒是不会提前回去。这个姑娘我后来还找过她聊天,许多事情交给她去做。人与人之间或许就是这样,日子久了才相互理解,成为朋友。

今年年初听我妈说,我小姨最近生活很困难。我一了解,很多年没见小姨,居然发生了那么多事情。小姨是妈妈的堂妹,她俩关系一直都很好。小时候,她常常来我家玩,只是我上大学以后,很少见面。她的家里有做生意的传统，高中毕业后她没读大学，便选择做起了生意。她是个精明的人，在浙江卖了几年鞋子，凭借自己的努力挣了一些钱，然后就回到西安，办了一家投资理财的私人公司。小姨工作非常努力，做上公司之后事业一步步地上升。但婚后不久，她老公就变心了，很少回家。她老公也办了一家公司，不过他的事业都是小姨一手支持出来的。直至他们分开时，她还支持她老公并且给他很多创业的钱。就在去年，她老公办的公司因为商业诈骗被罚款接近一千万元，生活的灾难就这样降临到了她的身上。按理说，她老公和她也没有什么关系了，可是事情却没那么简单。她老公在注册公司的时候，公司的法人代表是他们的儿子。或许这是她老公的计谋，也或许是无心的做法。不过，这个事情一下子就把她这些年的努力都耗费掉了：公司一下子被搞垮，之前买的别墅和房子全部被抵押，车子也卖掉了。现在自己跟儿子租房子住，生活从社会上层一下子落到下层，可以说是一无所有。不过她并没有灰心，而是又重新振作，在做保险。前一段时间去见她，看到她的变化，妈妈很心酸。我也借了一点钱给她，但是自己的能力有限，也不能帮她多少。她倒是看得开，说自己本来就是从一无所有走过来的，现在又是一无所有，也没觉得有什么大不了的。我非常佩服她，一个女人在男人的世界里竞争，能取得这样的成就相当不容易。倒是她的儿子因为长期过着好的生活，现在非常不适应。看到她的处境，我感觉自己好多了。过去在外面经受的那点困难根本不算什么。或许我更能理解她的心情，因为我也不觉得女人就要靠男人。只是和她的果断、干练、毅力比起来，我还远远不如她。也许人生就是这样无常，我也非常感慨她的命运。她或许作过一些我们看来并不正确的选择，但是她更值得尊重，因为她为自己的选择付出了所有，也承担了所有。

曲江就是这样，记录了我情感的点点滴滴。这些年，这边的变化很大，有些人为此抱怨，有些人为此感激，于我而言，更多的是适应。就像当初我适应在外面的生活，我感到这是命运给我的安排，但是同时又感到这就是我的选择,是我用信心和努力做出的。如今,曾经的困惑也解开了,选择和安排原来同时存在。

采访手记

漂泊异乡,总忍不住自豪地跟别人讲讲大雁塔的故事;独自在异乡的除夕夜,打开电视看到烟花绚烂的大雁塔,脸上的笑容也像烟花一样灿烂;还有那个会陪伴她和丈夫白头到老的大雁塔。新文化地理学认为,地方感是对地方的深沉情感,其可表现为固着于地方的根植感,也可表现为依附于地方的归属感,重点在于"地方"是对人有意义的场所。对人具有意义的"地方"固然很多,家(家乡)却是其中最重要的所在,它是人的心灵、精神中心,也是人的生命之本;当人把某一个地方当作家(家乡)时,地方认同就此形成[①]。在故事里的女主人公人生的每一段路程上,她生于斯长于斯的大雁塔始终是她心中的"地方",她把最深的依恋留给了大雁塔,留给了曲江!

人文主义地理学关注城市的地方性,而地方景观则是地方性的具体体现[②]。大雁塔作为曲江的文化标志之一,代表了曲江发展的历史,见证了曲江的现在,也必将影响曲江的未来。但大雁塔更是曲江的一个重要的地方景观,故事女主人公对大雁塔的情结映射着无数曲江人对大雁塔的情结。大雁塔作为曲江内部最为重要的地方景观,也时刻提醒着或生于斯或长于斯的曲江人对曲江的地方归属。

---

① Tuan Y. F. *Topophilia*: *A Study of Environmental Perception*. Englewood Cliffs, NJ: Prentice-Hall, 1974.

② 王爱等:《关于社区地标景观感知和认同的研究》,《人文地理》,2006 年第 6 期。

执　著

社会认同的渴望

本文故事描述的王阿姨和李阿姨，是大雁塔南广场的两位保洁员，采访地点在大雁塔南广场东侧，时间为 2013 年 7 月 26 日 9 点到 11 点之间。

大雁塔南广场东侧的保洁区域，是由两位保洁阿姨负责：一位负责马路，55 岁，黑黑瘦瘦的，穿着保洁制服，很健谈；另一位负责人行道，穿着一身休闲装，看上去像位游客，话不太多，很和善的样子。在访谈过程中，十米开外的马路上，不知道是谁扔了个塑料袋，两人立刻前去打扫。

阿姨甲：

我今年55岁，家在长安区引镇，我在这儿扫地，主要负责这一片的路上[①]。

没有啥不满意的

我在大雁塔这一块儿都十年了，现在工资还可以，每个月1450元，工资都能按月发，不拖欠，挺好的。公司每个月还给发劳保：冬天有手套，夏天有雨衣，将比[②]说过年过节，还有米面油，像中秋节的月饼和茶叶、三伏天的酸梅粉、清凉油什么的。

早上我起来得早，五点半到我负责的那片路上，一直工作到晚上六点（下班）。我在这儿没有啥不满意的，每天在这儿扫地，环境好，心情也舒畅。广场这儿挺热闹的，经常有个唱戏啊，或者啥活动的，人高高兴兴的，岔心慌[③]。我以前是开大店小店的，前十年在家具店卖家具的时候，卖上不到半个小时我就木乱[④]，我就不爱在那里待。

我原来没在这儿（工作），往这儿来的原因是单位好。这儿比我原来那地方强多了，（原来）你是个考勤，你就知道你给我考了多少。将比说今儿我领钱去了（那会儿是给现金），人家问我做了多长时间？我说我不知道。那本身就黑得很。将比说有人十天没来，也可能给他算全勤呢，全勤这钱没人知道到底咋回事，那黑的。我在这边，人家是明打明的，是啥事情就是啥事情。这边的人比较好，环境、事情也都好，心都跟着开朗着呢，更不会

① 路上：陕西话，指人行道上。
② 将比：陕西话，比如。
③ 岔心慌：高兴、开心。
④ 木乱：陕西话，指心里烦乱。

说整天愁眉不展。人只有在这种环境里做事情，心里才舒坦，要是干得心里难受，就没人留下来了。但是能干到十年还是不容易的，你说有碰磕[①]没，肯定有。碰磕这种事情，咱也当过领导，都是过来人，心里也都明白。

目前这个社会，这是我的眼窝[②]，这个社会只能叫个扎势[③]社会。我这人说话粗，有一次人家叫我们保洁员穿个随便衣裳去开会，我以为开啥会呢，原来是欢迎人家新上岗的领导。在那儿摆了个绿化带那么大的桌子，两边都是板凳，我们都坐到板凳上，门口还有人照相。那女领导说："我给咱扎个势！"说完她就把文件拿起来，装个样子，没念一个字，就为了人家给她拍照。所以我就说这明显就是个扎势社会，不论啥都扎势呢。记者一来，赶紧把啥都弄好；记者一走，"呲儿"[④]可没事儿了。不实际嘛。

这儿[⑤]人都瞧不起保洁员

这十年其实也挺不容易的，现在这儿的人都瞧不起保洁员，搁不到眼窝[⑥]。比如说有人跟我问路，就是"哎"，要不就是"问一下，啥路线在哪儿"，我说不知道，她拧过身就把我叫成"师傅"了，你看这是不是狗眼看人低呢。现在这个社会，没素质的人多得很，尤其是二十二三岁那么大的娃们，大部分都很没素质。

我还碰见过特别不讲理的人呢。去年在这儿，有个女娃，把垃圾扔在我才扫过的地方，把人气愤得很！我看她也不是游客，就是个逛浪[⑦]的，带

---

① 碰磕：陕西话，碰撞摩擦。

② 眼窝：陕西话，眼睛，眼光。

③ 扎势：陕西话，装样子，做作。

④ 呲儿：陕西话，像声词，表示忽地一下子。

⑤ 这儿：陕西话，现在。

⑥ 搁不到眼窝：陕西话，看不起。

⑦ 逛浪：陕西话，闲逛。

着个男朋友,还有个人我看是像她男朋友他爸,我当时就说:“这谁扔的?没有一点素质!垃圾箱就在跟前,你不往垃圾箱扔,你说我都扫完了,都净净的[1],你还往这扔?”我说完以后,人家那女娃就开始骂我,骂得难听得很。我就说:“你骂谁呢?你妈要[2]你是不是会骂人?”后来人家就扑过来了,就是那栏杆,我在栏杆里头,她在栏杆外头,扑到我跟前要打我,我一下子把她领口给拽住了。你想人家三个人呢,我把那个女娃拽住了以后,那个年龄大的就把我的领口拽住,还把我的手给抠烂了,她男朋友还踢我。那时候刚好是五点半快下班的时候,身边也没有其他保洁员。我一个人对付他们三个,还是挺吃亏的。后来他爸嚷着要卸我胳膊呢,周围也没有人来拉架,后来围观的游客看不下去了,指责他们,他才把手松开了。最后他们三个上了一辆车就走了。我当时想:今儿要不是这个车,我叫你想走都走不了!

还有一回,又是才扫净的地,一大堆娃们,给你全弄脏了,别提我当时多生气了!只能说(他们)没素质,但是娃们还要跟你(犟嘴),其中一个娃还打了我一下,我不能不还手啊,回手就把他眼镜给他打掉了。我说:“你们谁也不要走!就待这儿!我给咱叫《都市快报》!”后来这周围站的保安教育他们:“你看阿姨这么大年龄了,你还要骂人家?你看你把这儿弄得这么脏,人家阿姨还给你打扫呢,按说要感谢人家呢。人常说出门三句好话当金钱使唤,你看你们在学校里都学什么了!”现在这些年轻娃们的思想,实在是有很大的问题。

人家都说我把娃教育得好

我现在租房住,就在太平堡附近。租了个两米的床铺,床头支了个案

---

① 净净的:陕西话,干净。

② 要:陕西话,生。

板，在上面做个饭什么的。刚租的时候租金是二百块钱，前阵子刚涨到二百六。大多数我们这样的保洁员都住在这种出租房，为了省钱嘛，出来啥都是头买到脚[①]。之前听上头说应该给保洁员弄个宿舍，不过难处挺多的，不太好实现。

我老汉在家种地，闲的时候还忙点儿别的事情。家里有一儿一女，女儿在邮电上大学呢，明年就毕业了。娃好着呢，想上研究生，虽然我家经济条件不太行，但娃还是很上进的。我那儿子年龄不大，才学了开车，给人家当司机。儿子、女儿知道我们辛苦，都很理解我们，也都很孝顺。

我给我娃说："妈跟你爸，还有你舅，咱这祖祖辈辈，从来都没啥邪风歪气，也没有到公安局去受法[②]的时候。"这些话我都是指着我娃的鼻子说的，这是很严肃地教育他们呢，你现在不厉害点儿，以后厉害跟不上了。有时候我说得更狠："你如果走上那一步路，让人家把你拉去，人家明儿要枪毙你，让我到你跟前去，我去都不去！"虽然说得不好听，但话丑理端[③]，咱都要把娃往正路引呢。有次我女儿来这儿找我，我没在家，她就到路上来寻我，把人都一叫，人家都说我这女儿灵性[④]很。咱这娃都结合实际，说话呢也不像人家那娃嘴硬呢。我娃上学的时候我就给他们说：你看你出外的时候，无论男女老少，你嘴要学乖，把人要叫好，你一点儿多余路都不会跑。你再"嗨"来"嗨"去的，人家再给你在东说西[⑤]。你看妈出了门，今儿昏头挫脑地，一下把车坐反了，赶紧下车，把人家叫个师傅，人家说在对面，到对面去又叫师傅，咱多问两个不跑冤枉路嘛。你跑一回冤枉路，那伙人日弄[⑥]你也多得很。上一次还有一个 75 岁的女的，说她上老年大学学的和

① 头买到脚：陕西话，指什么东西都得花钱买。
② 受法：陕西话，因犯法而受罚。
③ 端：陕西话，正，正确。
④ 灵性：陕西话，聪明，机灵。
⑤ 在东说西：陕西话，明明在东边，说成在西边。
⑥ 日弄：陕西话，长安话是骗人的意思。

我说的是一个道理，就是人心学好点，事情看开点。不要认得真，头顶有天呢，比方做了好事，你想往坏处去天都不让。我这一家子，包括我娃，都是好人，吃得亏，让得人。我这55岁了，家里也没有个啥意外，一家子一年都不感冒，因为我把这社会上的事情(都看得开)。

人家都说我把娃教育得好。我女儿放假了在超市打工，连她那个主管都佩服我娃，说我这女子，谁谁都不得罪，很会处理事情。现代社会，咱打个比方，我今天把你俩得罪了，大不了以后见了面不打招呼就完了。你说你俩以后到我们村去了，我看见你俩，我把吃的喝的给你俩招呼上。我掌柜在家里，买(个)生姜，认不得卖菜的，(卖菜的)过来过去，(他都叫卖菜的:)"来来，到这儿喝，吃了没有?"那个说没有，(我家掌柜的)在家里把馍菜拿出来叫人家吃喝。"你等一时[①]晌午回来，我在屋[②]"，人家那个(卖菜的)过来了，(我家掌柜的)就给擀的方[③]，给拿这么大的铝盆盆调的吃呢……，人心学好些，人家说舍得舍得，你在这儿舍了，不知道将来在哪儿可又得了呢，对吧？坏心眼不敢有，有了对你没好处。

阿姨乙：

我今年60岁了，西安人，家在蓝田。我现在在集体宿舍住着呢，我俩不是一个公司的，我是广场的，她是路上。

我来这儿就是嫌家里无聊

我在这儿干了一年了，家里人没跟我在一起。家里老伴在，我嫌家里无聊，就出来了。在这儿好多老姐妹们，都挺好的，在这儿一说一笑，就有

---

① 等一时：陕西话，等到。

② 在屋：陕西话，在家。

③ 方：陕西话，方片面。

个啥事情也都没啥了。

当时来的时候我们也不知道到底要来啥地方，有熟人介绍我们才来这儿的。我们觉得在家没事无聊，就一块儿出来，打扫个卫生，锻炼个身体，多好嘛。

在这儿还健康，早上起来得早，下午又锻炼，精神特别好。我这精气神，大家伙儿都夸呢，人家说我看你们这一天是吃不饱跑不乏嘛。

家里现在没有地了，我原来在家也没干啥，跟儿子在一起住。我有三个娃，一个是女儿，小孩也大了，孙子都上高中了，我也不用带孙子。另一个女儿的男娃也上高中了，还是学校小记者。现在娃都大了嘛，没啥事儿，我就出来玩一玩哈。老伴要来我不让，他得在家看门嘛，不过老伴经常过来看我。

我一个月可以休两天假，但是得分两次休，一般一个月回一次蓝田，时间都花在回家的路上了，下午四点一下班，就搭车回去，第二天再来。

我在这儿工作挺顺利，人一多，我们姐妹没事了说个笑话，挺开心的。在家里没事的时候，净抬杠[①]呢，在这儿我们一天也热闹得很。这儿一直人都不少，我平时也转呢，有时候去南湖，有时候在北广场加班到晚上。虽然很累，但是这儿夜景好，逛夜景的人多得很，从礼拜五下午到礼拜天，人是最多的。

我每天早上五点起来，六点到这儿上班，到下午四点。要不就是下午四点上班，到晚上十点。我们每天吃饭是轮换着吃，像我俩现在十点回去十二点来，剩下两人是十二点回去两点来，保证这儿一直有人就行，最重要的还是要保证卫生。人家领导检查的时候，要符合要求。

在这儿有人瞧不起我们保洁员。要不是我扫垃圾，等垃圾把人埋了，看你还瞧不起我？有人还嫌我说话嶒(ceng)[②]。人这不管美丑好坏，都要

---

① 抬杠：陕西话，拌嘴。

② 嶒：陕西话，指说话难听。

有礼貌，有些年轻人啊，文绉[1]得很，把皮鞋一擦纸往垃圾箱一扔，像这样的我就说人素质特别高。

公司总有人照顾我

我的那些姐妹们都是到这儿才认识的。我是别人介绍来的，一起介绍来的那一批一共五个人，有两个人不会扫，叫人家辞回去了。还有一个来了两天自己把自己绊了，摔骨折了，也回去了，现在就剩下我们两个人。她在北广场上班，我在南广场，他们看我年龄大，离太平堡住得近一点，去南广场少跑路。北广场还是比这边儿人多，当然也要累一点，尤其是北广场台台多。人家看我上年龄了，也就不叫我在北广场，这是照顾我呢，我都记在心里，人是要感恩的。

公司只给我们管早饭，本来午饭和晚饭是要我们自己解决的，但是老板看我年纪大就可怜我，说这个老人，扫得多干净啊。后来他们好几个人找我们领导，说我扫得特别干净。那个老板就叫我在他单位吃饭，我问他们在单位吃饭要交多少钱，他说不要钱，要钱就不叫我了。我特别感谢，我要是会写感谢信我早就写了。他还让我吃完饭，把饭盒放到那个消毒柜里面，早中晚都来免费吃。我没答应，我觉着吃一顿饭我就很感激了，早上吃个早点就可以了。

我住的是公司给租的房子，六七个人一个房间，年轻人住上面，我们年龄大的住底下，上下铺那种，环境还可以。

夏天热得很嘛，身上都出热痱子了，实在受不了想走，人家老板就是不让走。有的人做得不好，赶她她都不走；你做得好了，叫你留呢你还不想

---

① 文绉：陕西话，文明。

留。唉,都是天热闹的,后来下了雨了还好点。六月底那会儿最热,地上都是烫的,脚掌踩得可疼了。

采访手记

工作在城市最基层,收入微薄,却一样尽心尽职、知足常乐,工作的卑微并未磨灭内心坚守的自尊自重,渴望用自己的辛勤与努力,赢取社会与他人的认同,保洁员正是这个群体的典型代表,渺小亦伟大!

与全国轰轰烈烈的城市化运动一样,曲江的发展也造成了周边地区劳动力的大量涌入,甚至带来了周围农村的空心化。在两位保洁阿姨的身上,我们看到了这个默默支持曲江新区发展和建设的庞大群体的缩影,他们为了生计背井离乡,勤劳善良,通过自尊而自我认同,同时也希望得到社会的尊重与认同。他们对于认同的渴望比我们在访谈中所见到的其他任何群体都更强烈,也更迫切。

两位阿姨在表现对自我的认同感时,事实上表现出来的也是对曲江赋予她们的新的身份的归属感,以及对这个地方的归属感。随着社会的进步、交通的便捷,人群的移动已跨越族群与地方的界限。外来群体在进入一个新地方之后,通过重构社会网络,不断建构自身的文化认同,融入地方而获取归属所在。认同感越强,其内心的满意度也随之提升。第二位阿姨详细描述一位老板让其去单位吃饭的事,满足与感激溢于言表,事情虽小,却是曲江这样一个庞然大物发出的对她们认可和接纳的信号。

认同涉及主体性,认同感的形成建立在我群(we-group)的知觉之上①。两位阿姨都提到了"老姐妹"这个概念,无疑"老姐妹"就是她们的

---

① 杨敏芝:《地方文化产业与地域活化互动模式研究——以埔里酒文化产业为例》,台北大学都市计划研究所学位论文,2001 年。

“我群”。一方面，它强调了自己与当地人的差异，二者不属于同一团体，对这个团体的认同，就意味着对曲江这一他者的疏离；另一方面，“老姐妹”这个社会关系网络是在曲江工作中临时形成的，本身就是对曲江地方认同的表征。这两方面看似矛盾，实则统一。这是她们既迫切希望得到认同得以融入，又忍不住要团结起来实现自我保护的必然结果。

然而两位阿姨也都不得不略带心酸地承认，“这儿人都把保洁员瞧不起”，甚至还发生过肢体冲突。游客素质等问题不在本项目的讨论范围之内，但就地方认同的形成而言，每一次渴望被认可却得不到尊重的实践，都是对地方认同感的严重挫伤。她们在这种情况下会采用和当地人、游客冲突的方法来解决问题，目的是证明自己对于地方的意义。

将这两位阿姨作为个案来分析，我们看到外来务工人员地方认同的形成会是一个漫长的过程。它与个人的自我认同纠结在一起，受到“老姐妹”这样的社会关系影响，并且在和当地人及游客的互动中经长时间的积累而形成。

人不能闲着

本文故事描述的三轮车司机蔡师傅，50 多岁，采访地点在大雁塔十字，时间为 2013 年 7 月 18 日下午 2 点到 4 点之间。

我今年 50 多了。我家原来在大雁塔村。父母支援西藏时，我跟着过去的，在那儿待了 18 年。后来父母退休，我就跟着他们一起回到西安。

我就没拿低保

回西安是在 2000 年，因为一次事故，我左腿落了残疾，后来还办了残疾证。虽然我这个人性格开朗，但刚残疾时心里也很难受，不知道以后能做什么，对未来也很迷茫，不过后来心情很快就调整了过来。

回来之后我一直和父母一起住。两位老人都八十多了，他们用攒的钱在西延路上一个小区买了房子。他们很早之前就去支援西藏，在西藏待了三十多年，手里攒了点钱，现在每个月还能拿四千多块的工资，给我们子女省了不少事情。在我残疾之后，他们也给了我很大的鼓励和支持。

后来在家的时候，没什么事情可做，就是看看电视，偶尔找人打打牌。就这样闲着差不多有一年，心里挺不是滋味的，总想干点什么事。挣钱倒不是最重要的，关键是心情，天天在家闷着，人的状态很不好。我就和媳妇商量，最后决定买辆三轮，可以出去拉拉游客，而且开着三轮车，自己还能到处转转，这也符合我喜欢热闹的性格嘛。

我原来的单位很照顾我，还给我发工资，甚至超过了西安的最低收入，乱七八糟(加起来)大概有 2200(元)，所以就没拿低保。我媳妇儿在家，没什么工作，娃也大了，已经大学毕业了。日子虽然不太宽裕，但也还凑合。平时在曲江这一片再跑跑三轮，日子过得也还行，反正我自己挺知足的。如果我不开这三轮车，外面社会啥变化我都不知道。有的时候我想到什么地方看看，就自己去了，不拉客人。

我跟儿子学英语

刚开始开三轮的时候，就在大雁塔这一片，远了我也不去，当然路远了人家也就打车了。我们这种车本来是不能拉人的，拉人属于非法运营，城管要抓的，见了都要收车的。不过曲江这边还比较宽松，我觉得曲江的管理很人性化，也可能是看我残疾吧，也就是把我扣住教育一下，不扣车。反正我没遇到过什么大麻烦。现在一个月也能挣个千把元。我倒不是特别在意赚钱，出来就是图个好心情，能拉就拉两个，拉不上就算了。

刚开始的时候，有不少开三轮的都喜欢抢生意，比如有个客人要走，他们就跟在后面追问，我从来不抢，也不太问。他们一开始还觉得我傻，后来大家熟悉了之后，他们也比较照顾我。倒是有些客人，你越缠着他，他越不坐。而我什么都不问，人家反倒跑到我车上了。

我拉的客人里面，外地游客多一点，他们一般都去大唐芙蓉园、海洋馆、南广场、大唐不夜城，还有南湖。拉客时会遇到各种各样的人，挺有意思的。

有时候我也会拉到外国人，他们可能觉得中国的这种小三轮很有特色吧。有一次我在南广场碰到一个老外，但是他讲的汉语不标准，我更听不懂英语，我俩费了半天力气，最后还是没搞明白。幸亏一个小伙走过来，跟他用英语说了两句，然后才搞清楚他要去哪儿。晚上我回家就说没文化就是不行，送到嘴边的生意也做不了。我儿子就说："爸，我教你点英语吧。"我觉得也可以，多的学不会，就学几个词还学不会么？反正我就会说个打招呼的嘛，再一个我看现在那老外也能说一点儿中国话。遇到想坐车的老外，连说带比画，能明白意思就行了。

拉到外国人我特开心，他们给的钱多啊，一般十块二十块也不用找钱。今年儿子还给我出了个招，给我写了一个英语和汉语的对照翻译，还弄了个小地图。遇到沟通不了的外国人，我就拿出小地图给他们看，然后他们看了英文用手一指，我就知道他们去哪儿了。后来好几个开三轮的都说我这方法好，他们就过来学。我不是那种喜欢遮遮掩掩的人，就让他们拿回去看。后来他们都照着做了个小地图，做生意也方便多了。

开车就在这一片地方，转来转去，偶尔会遇到一些特别的事儿。有一次让我印象比较深，我开着三轮车的时候遇到一个小孩，七八岁的样子，他从南湖出来，看起来有点怯生①。那个时候天有点黑了，他就走到我们几

① 怯生：陕西话，害怕。

个车前面说:“到明德门多少钱?”有一个就开玩笑说:“你说多少钱?”那个小孩想了想,不好意思地说:“三块。”大家都笑了。那小孩就在那儿犹犹豫豫的,也不走,也不坐车。我看这娃肯定是没钱,天都黑了,可能是着急回家呢。我就说我拉吧,他就上了我的车。我问他话,他也不说。我一直拉到明德门一个小区门口,让他下了车。结果那娃他妈就在后面叫我,一家子都在外面找娃呢,说是娃自己跑出来玩,不见了,把一家子吓得到处找呢,他爸出去找了,他妈在门口等着。那家长感激得很,说幸亏遇上我。我说这没事,小孩子嘛送一送很正常。他爸爸还请我吃饭,我推辞不掉,就在附近的餐馆吃了个便饭,互相还留了电话。在这世上还是好人多,我想这换了谁,都不能不管,对不?

儿子准备结婚了

我一般中午才出门,上午没事就看看电视、上上网,有时候在网上玩游戏,打个牌什么的,都是我儿子教的。那段时间整天玩,晚上玩到一两点,我媳妇儿说我跟个娃一样。我媳妇儿平时在家就是做做饭,做做家务,晚上在大雁塔北广场锻炼锻炼身体。她六点半吃完晚饭就出去跳舞,跳到八九点钟,南广场那边倒是去得少,太远了嘛。

我媳妇一天无聊得很,有时候我就带她去南湖那边逛。她姊妹多,有八个,只要姊妹一来,我就带她们到曲江这边玩一玩。一般南湖下面不让车下去,但是为了照顾我们残疾人,都给我“开绿灯”,但是要注意安全,毕竟是人行道嘛。有时候也去大唐芙蓉园啥的,我一个人一般不转,天天在这儿,我都转烦了。

我还有一个哥哥和一个姐姐。他们现在都在西安,离得不远,经常聚在一起。父母八十多了,现在精神还不错。父亲之前得过一次脑血栓,现在也没什么大问题。母亲倒是有点高血压,不过年纪大了也难免。

儿子毕业之后，在高新区那边找了个工作，收入不错。就是他大学时候谈的女朋友毕业之后回老家了，所以到现在也没有对象。现在他那些姨啊，天天给他介绍对象。儿子有一段时间都不敢回家，一回家就被拉去相亲。不过最后还真是相亲相成了，找了个家在含光路上的姑娘。姑娘人很好，长相我们也满意。现在都准备结婚了，估计明年“五一”就把事儿办了。

我娃从小就乖，人家都说我教育得好。我说我从来没怎么教育过他，是他自己懂事。儿子现在发展得很好，看着他长大成人，我也觉得挺自豪的。

说起谁在曲江住呢，我觉得那都是有钱有势的人，家里有几百万、上千万的才在这儿住，老百姓一般没人在这儿住。别人说在曲江居住的人素质高，我不知道，我没打过交道。我认为(他们)和咱们不是一个档次的。

咱就是老百姓，我对自己生活的各个方面都挺满意的，生活中大多数都是高兴的事情。曲江这一片我天天跑，现在也非常地熟悉。每天跟那些开三轮的司机一块吹吹牛，和客人聊聊天，感觉也挺开心。

西安这些年变化很大，尤其是曲江。就是在这七八年，大唐芙蓉园、海洋馆附近，可以说是翻天覆地的变化。这一片非常漂亮，而且各方面环境啊、设施啊确实也都好。最早是高新发展得好，但是现在高新赶不上曲江。曲江发展潜力很大，尤其是建筑、绿化、卫生，我都特满意。我在这边住感觉挺明显的，没有两天这儿拆迁了，不到三天那儿拆迁了，几天不来都找不到地方了，变化真的很大。

这一片旅游发展得很好，带动了经济发展。像大唐不夜城那边就非常繁华，天天人气都很旺。曲江发展真的是非常快，转眼间变成了西安最好的地方。我都快忘了以前曲江是啥样子了，很多村子几天就拆完，时间不长就盖上大楼，修得漂漂亮亮的，都不认识了。我就是一个开三轮车的司机，看着咱们生活的这个时代，看着外面的世界，真的没白活。尤其是我们残疾人，再把我放到农村的话，我觉得我是接受不了的。作为一个残疾人，在这里生活我很知足。

采访手记

随着城市建设用地需求的日益扩张，房屋拆迁所引致的利益问题矛盾频发，蔡师傅就是众多拆迁户之一。然而与大多数抱怨者相比，他身虽有残疾，却积极乐观：开三轮、学英语、不与人抢生意、送小孩回家……与之访谈，话语中的自豪与知足自然洋溢，让人感触颇深。他用平和开放的心态去观察曲江，感受曲江发展中的各种变化。在观察与生活中，地方感逐渐产生。

地方感是人与地方相互作用的产物，是由地方产生的并由人赋予的一种体验①，是一种满足人们基本需要的普遍的情感联系②。人无时无刻不在经验地方感，地方给予我们熟悉、归属、认同、依恋，并且让地方上的人拥有共同的记忆、经验与梦想。因此，人们在特定的地点与住在那里的人有了联系，也产生了对地方的情感联结。

地方没有单一、独特的认同③。人的生命周期、对于地方的感官认知、日常体验和居住时间、社会关系、对地方知识的学习以及社区的变迁等都会影响地方感强度④。在地时间越长，与地方的接触、互动越多，地方感也会随之增强。三轮车不仅让蔡师傅"没有闲着"，更是拓宽了

① Steele F., *The Sense of Place*. Boston: CBI Publishing, 1981.

② Tuan Y. F., *Topophilia: A Study of Environmental Perception*. Englewood Cliffs, NJ: Prentice-Hall, 1974.

③ Cresswell T.:《地方：记忆、想象与认同》，徐苔玲、王志弘译，群学出版社（台湾），2006年。

④ Kong L., Yeoh B., Teo P., Singapore and the Experience of Place in Old Age. *Geographical Review*, 1996, 86(4).

他在曲江活动的视野和边界，因而对曲江地方感的深度和广度都得以提高。

在蔡师傅的感知中，曲江是一个宽容的所在，甚至可以说曲江给了他最大限度的包容。他提及无数次车游南湖，“一般南湖下面不让车下去，为了照顾我们残疾人就让我们下去，免费但是要注意安全”。甚至关于他三轮车拉客的非法运营，他也觉得：“曲江这边还比较宽松，我觉得曲江的管理很人性化，也可能是看我残疾吧，见了就把我扣住教育一下，不扣车。”因此，他由衷感叹：“我开开三轮，看看咱们生活的这个时代，看看外面的世界，真的没白活。尤其是我们残疾人，把我再放到农村的话，我就觉得彻底完了。作为一个残疾人，在这里生活我很知足。”

曾秉希提到，地方依附感的产生是人在环境中的行为，经过时间的过程发生了对于地方的认同感、价值观或是满意度，对于地方认为能够提供安全与稳定的环境并愿意继续与地方产生正面的关联性。而这样的依附程度是可以增强人对于地方的价值感，个人觉得地方对其是有意义的[①]。因此地方认同是心理层面的感受，是一段时间经历和经验过程后产生的情感和象征上的意义[②]。

---

① 曾秉希：《地方居民对台中市梅川亲水公园依附感之研究》，朝阳科技大学（台湾），2003年。

② Williams D. R., Patterson M. E., Roggen Buck J. W., et al. Beyond the Commodity Metaphor: Examining Emotional and Symbolic attachment to Place. *Leisure Sciences*, 1992,(14): 29-46.

追随时尚与潮流

本文故事描述的王先生，25岁，是秦朝瓦罐曲江银泰店店长，采访地点在其店内，采访时间为2013年7月16日9点到11点之间。

我今年25岁，在曲江这儿工作两年了，银泰开业的时候就在这里了。我原来在东二环那边的秦朝瓦罐老店工作，后来那儿因为修地铁给拆了，所以我就调了过来。

我原来不是店长

我家不在这儿，在北郊那边。上班我一般坐地铁，到了之后再倒公交车。地铁相对快点，路上也就半个小时到四十分钟。如果坐公交的话，那就得一个小时。每天早上步行到地铁站，下午的话就坐609或601，始发站在大唐芙蓉园。

我住得离曲江确实有点远，每天来回不太方便。曾考虑过在曲江租房子，但是第一房子不好找，第二我不喜欢和城中村的人打交道。因为我们有的员工在城中村住过，我跟他们打过交道，所以不愿意再去租房子，这里面方方面面的事情都涉及过。至于住在小区里，这边的房价还是比较贵，对我来说还是很有压力的。再一个我女朋友是东郊的，去找她挺远的。现在每天来回也都慢慢习惯了。

其实我原来不是经理，更不是店长，是干采购的。当初从部队回来之后，因为我是退伍军人，而且这边大部分的餐饮业都缺人，我就一头扎进这个行当了，慢慢地升职，现在干到店长，其实我压根儿就没想到能到今天这步。

平时下了班，我一个人就沿着芙蓉西路，往南湖那边走。我喜欢走这条路，晚上比较安静，还有唐诗三百首的广播，我就顺着唐城墙遗址走下去，一直到热气球那一块，我每天就这样自己溜达回去。我个人比较喜欢打球，那边正好有个球场，我每天下班后打一会儿球，锻炼锻炼身体再回来。走在那条路上的时候感觉特别好，灯光不是特别刺眼，广播里唐诗三百首慢慢地念着，感觉很舒服。

我在这边工作以后，我们家大大小小的聚会都在这边，包括我们家亲戚、朋友和同事。有两个原因吧：一个原因是有我这个经理在这儿，订餐什么的比较方便；另外一个原因就是这边比较上档次。在这边聚会或者说吃饭，家里人早早地吃完之后，晚上就在这边转一转，看个喷泉什么的，然后再回去。虽然都是西安人，可是平时也不常在曲江转，像大雁塔北广场的喷泉还是挺壮观的，看的人也特别多。

生意越来越好了

我在这里工作两年了，感觉周边变化还是比较大的。这个店刚开业的时候，周边都没有人气，所以生意也不好，我们都很发愁。后来随着人气的聚集才慢慢有所好转，现在每天下午、晚上广场上跳舞的、遛弯的，人特别多，连开元广场底下台阶上都坐满了人。那些人还是以游客为主，当然也有周边居住的人，所以我们这个店的生意也就越来越好了。

以前我在交大那边的店，从客人身上，能感觉到那边的客人和这边店的客人在消费行为上不同的地方。我们这边刚开始的定位是考虑到曲江这边的人均消费比较高，所以我们的价位定得相对来说也比较高，菜品也很精致。可是开业以来，事实证明，这边人群的消费没有我们想象的那么高，说得俗一点，是比较抠！我们都没想到会是这个情况，这跟我们一开始想的不一样。我们在这儿遇到过很多这种事，有个陕北人就为了一瓶王老吉，拿他的信用卡来我们店里刷。他能在曲江这边买房子，我不相信他缺买王老吉的钱。在交大那边的时候，因为我工作经验少，确实没碰到过像这样的顾客。交大那边消费群体是以老师和学生为主，当然也有其他一些周边居民。我觉得他们消费能力不高，大多数时候都是学生聚会，人均消费也没多少，但是从来没碰上过这种事。

曲江这边令人最头疼的是：客人财大气粗，蛮不讲理。就像前天我们十人台，他们就坐了三个人，可是人家非要坐个十人台，我们过去劝，说能不能给他们换个小点儿的桌子，这三个人坐这么大桌子说话也不方便呀。结果我们一劝，人家就说："我就坐这儿！咋了？你把俺动下试试。"真是惹不起，没法说。有时候我们店长坐到一块儿聊天，其他店里面也都遇到过这种情况。

我早晨九点半点名，晚上九点半下班，但是下班的时间不固定，一般都不能按时下班。因为餐饮业嘛，外面有时候坐着顾客，三三两两的，顾客喝高兴了，我们告诉他快下班了，人家说"好，知道了"，我们要是再催一遍，人家就生气了，所以我们也就不催了。顾客经常有十二点以后才走的。我去年有一次等一拨顾客（结束）等到凌晨四点多，最后我睡着了，他们什么时候走的我都不知道。

我们这个店跟其他店比起来这种情况比较多，因为我们这边有个露台。这个露台很受欢迎，好多人都喜欢坐在这儿看着夜景吃着饭，经常有人打电话订这里的座位。这里视野特别好，楼下就是气势恢弘的大雁塔步行街南口，再往外就是开元广场上的 LED 灯柱，每天晚上流光溢彩，非常漂亮。大家就是吃个景色，吃个感觉。

店里曾举行过一次求婚仪式

我们秦朝瓦罐在南二环那儿要开个大店，准备弄成一个旗舰店。原来交大东二环那个店就挺大的，尤其是在那个楼梯上摆了三四个大罐子，就是装汤的那种，就像我们现在外面的那两个。

我们秦朝瓦罐的品牌做了有14年了，曲江这边是以时尚为主题的，凯德广场那儿还有一家，跟原来一样，古色古香的。其实一听我们这个店名，给人感觉还是应该装扮得比较古典。很多顾客来了说我们的名字起得很有意思，挺有文化的。因为这本就是在秦朝开创的，所以这个名字听起来特别大气，当然我们的汤也很好喝，客人每次来一定要点个汤，有的时候来晚了就没有了。好多顾客来了，因为喝不到汤而懊恼："呀，你们这关门吧。"其实我们的汤都是提前做好的，每天就做满两缸，一缸大概能盛35罐，卖完就完了。如果是在周内的话就够，周末的话，中午得加一会儿班，再给打一缸。

去年夏天，有一个让人记忆深刻的求婚仪式。客人提前给我们说好了，于是我们专门布置了餐厅的露台。男方是在女孩事先并不知道的情况下求婚，当他们落座后，有位乐手在桌旁开始拉小提琴，男方开始求婚，随之而来的是从天而降的婚戒和玫瑰，女孩非常激动，当场就哭了。真的非常浪漫，周边的客人和员工都感动得一塌糊涂，为他们送上了祝福。我对员工说："行了行了，咱们还是赶紧工作吧。"

整个过程都是男方的哥们儿在操作，他们拿着对讲机互相沟通："注意！注意！嫂子上电梯了啊！"电梯里的人回复："二楼，二楼，嫂子出电梯了，注意准备！"在四楼顶上的哥们儿伸着脑袋在看，然后操控着挂着婚戒的遥控飞机从天而降，围着女孩不停地旋转。送鲜花的人在一个柱子后面藏着，反正所有人都知道，就那个女孩不知道。既有创意又让人惊喜！

我们店也特别配合他们。当时他给我说了他求婚的计划之后，我就答应了，把半个露台包给了他，让他在这半个露台随便折腾，当然也给他了一个爱心折扣，将来他这边需要办婚宴的话，优先考虑我这儿。就这样他成了我们的长期客户，朋友就是这样交的嘛。

我们在这儿看着楼下的人越来越多，还有更多的创意和追随时尚的潮流，相信我们的生意也会越来越好！

采访手记

东二环到曲江，交大到银泰，采购职员到餐厅经理，门可罗雀到车水马龙，曲江的发展为活跃的年轻人带来了更多的就业契机和生活希望，秦朝瓦罐餐厅的店长就是受益者之一。在城市化过程中，空间的移动与生产，带来的不仅是区位的转移，更是新的地方创造及地方身份转换的伊始，在这个过程中，地方感也随之产生并不断深化。

“地方”在新文化地理学中，本身就是一个主观的客体，强调的是主体和客观世界的关联性，而这个关联的根本就是地方对于人的意义[①]。这些特定的地方意义的形成，往往是因为在该地发生的事件或故事，经由个人切身经验的融入而成，即段义孚说的“个人经验是地方创造的核心”[②]。店长从交大调到银泰，空间的转移加之店长身份的转换，使其在曲江的切身经验更为丰富和深入。在两年的经营实践中，透过日常生活与地方的互动，他对企业的归属及曲江的依附感已经油然而生，店铺露台的设计、菜品的吸引为其带来了源源不断的客流，更让其对这个地方充满了信心与依附。谈及曲江银泰店和交大店的客源消费习惯之时，店长的认知很有意思，“开业以来，通过实践，觉得这边人群的消费还是比较低，说得俗一点，确实比较抠”，这点和大多外部人持有的“曲江是有钱人的地方”的看法有很大差异。无疑，这样的认知是其切身经验所致。每个人眼中的地方都可以不同。

对于地方而言，地方之人可以分为两类：内部群体（insider）和外部群体（outsider）。群体身份不同，地方感的层次和深度也不同[③]。之所以将店长这个案例纳入书中，正是因为他兼具的双重身份。对于曲江来说，店长从外地而来，住于曲江之外，显然是外部群体；而同时他一天中的大多数时间都在曲江工作，管理曲江的员工，无疑，他也是曲江的具象化代表之一，也是一个内部群体。双重身份的肩负，使其对曲江的欣赏与认同包含外部群体和内部群体两个层次。每天上下班的路上，忍受奔波之苦的同时，他会以外部人的视角感受曲江芙蓉西路的美好，

---

① 唐晓峰：《文化地理学释义——大学讲课录》，学苑出版社，2012。

② Tuan Y. F. *Space and Place: The Perspective of Experience*. Minneapolis: University of Minnesota Press, 1977.

③ Hernández B., Carmen Hidalgo M., Salazar-Laplace M. E., et al. Place Attachment and Place identity in Natives and Non-natives. *Journal of Environmental Psychology*, 2007, 27(4).

“灯光不是特别刺眼，广播里唐诗三百首慢慢地念着，让人感觉比较舒服”；而介绍店面的露台之时，他的描述又充满了对企业及曲江的归属，“我们的露台那里视野好，楼下就是气势恢弘的大雁塔步行街南口，外面就是开元广场上的LED灯柱，每天晚上真是流光溢彩，非常漂亮”；店里发生的一次求婚仪式，更让店长加深了他对自己、对工作、对曲江的地方认同，使其insider的身份得以强化。

地方感好像墙上的钉子，人们可以在钉子上悬挂记忆，从事件中建构意义，也可以建立仪式。透过记忆的追溯、对实践的叙述以及仪式与宗教活动的进行，了解这一群人的地方感如何形成，又如何呈现。曲江的从业者身兼外部群体和内部群体两种身份，从他们的地方感形成过程中可以看到对曲江的认知是沿着何种脉络发展和扩散的。

学会适应各种环境

本文故事描述的韩女士，30 岁，是曲江池遗址公园小火车、自行车等项目经理，采访地点在曲江池遗址公园门口，采访时间为 2013 年 11 月 8 日下午 3 点到 5 点之间。

我在单位上班四年多，但是来曲江池也就这两年。之前在芙蓉园开过商店，在法门寺那边做过汽车租赁。我们这儿的项目就是车和人，每个项目都有负责人，我管得比较笼统，一些具体性的操作都由底下人去做。

我接触曲江池这个地方是在四年前，刚到这儿的时候，觉得这儿的风景真的是非常美。与大唐芙蓉园比，这儿给人的感觉更自由一点，芙蓉园是封闭式的，它的客流量不大，见到的人、遇到的事没有这儿这么多。

不过一旦到了淡季，人就会变少，天气好的时候，还有些人。一般“十一”过后，人就很少了。过节的时候，人又变得特别多，因为免费嘛，而且西安也没有什么别的好去处。周末的时候这儿人也很多，坐小火车都得排队，但是秩序还是很好的。

这儿确实风景如画，环境在西安算是数一数二的。我们工作时间长了，对环境太熟悉，没有来游玩的人感觉那么惊艳。但是一到夏天，尤其是晚上，华灯初上的光晕特别的绚丽，非常美。再就是开春的时候，像三四月，气候怡人，到这儿来逛逛，真的是一种享受。

在这儿工作了几年，我觉得周围变化挺大的。以前也老坐车从这儿经过，那个时候没有现在开发得这么好。这两年来，我觉得大的方面没有多大改变，就是在一些细节上变化是比较大的：比如给一些地方加上活的文字，更有文化底蕴；还有我的中国梦之类的标语就挺好的；还有那些时常更新的广告牌，不会有乱七八糟的广告，都是一些比较上档次的内容，给人很舒服的感觉，以至于现在都不爱去钟鼓楼那些环境嘈杂的地方了。

对工作环境还是比较满意的

我们早上 9 点上班，下班时间跟季节有关，这两天下班早，下午六七点就可以走了。夏天的时候两班倒，中午太热了也就没人，人多的时候我们都在，人少的时候就轮流回去休息。

我住在公司给租的员工宿舍，离这儿非常近。因为夏天下班太晚，坐不上车，所以交通不是很方便。现在还好，通了 161 路和 715 路，起码在 7:30 之前还有车可以坐。假如你到小寨、钟楼那儿去逛，就会觉得交通很拥挤。到这儿来的车挺少的，人也没有那么杂，感觉很舒畅。

我这儿的工作看着环境好，但是冬天冷，夏天热。偶尔来玩一次感觉不错，但是在这儿工作每天风吹日晒，皮肤会比一般人粗糙一些。其实这儿还算是好的，如果去法门寺那边待一天，皮肤就会晒得特别黑。法门寺特别大，里边不像这儿走两步就有个座位，景色都不一样。那边路都差不多，特枯燥，不过那儿就是人比较虔诚，必须走，有些人是一步一步爬上去的。那边毕竟是宗教圣地，有人还一步三跪的。

我对曲江池的工作环境还是比较满意的，毕竟西安市有这种环境的特别少。到了节假日大家都往这儿跑，这就说明这个地方确实有引人之处。起码这个地方树多草也多，能呼吸到新鲜空气，再一个就是人少一些，所以相对安静舒适一点。

我们公司跟曲江这儿是租赁合同关系，也就是说，我们提供相关业务，曲江提供相关的费用支出。合作这么多年，也是比较顺畅的。曲江的项目我们这儿基本都有，曲江的项目开到哪里，我们公司也都有业务跟进，有小火车，也有其他的，各种各样的挺齐全。

相对其他景区我觉得曲江这儿的优点，一个是自然环境，另一个就是人相处得比较融洽。有事了，他们也会提前和我们打招呼，我们也会按照他们说的办，总之合作很满意。其他景区我们也有同事，但在合作上多多少少会出现一些问题，有些景区敌对、情绪化现象比较严重。

过节就害怕出事

旺季的时候我们主要是抓销售和安全，淡季的时候会进行人员培训和其他方面的学习。其实每次开会的主要内容就是安全，景区安全是非常重要的，因为景区一旦发生安全事故，后果就会很严重。这方面我们领导抓得会比较紧，每周都开会提醒。节假日前或规定的周期内，我们都会进行检修，过完重大节日大修，以防出现什么问题。

我们这儿都是计时消费的，包括上下船、上下车、租赁自行车。收银员每租一个车子都至少要交代五句话，把应该注意的事会讲得特别清楚，但是游客各式各样，啥人都有。游客超时了，不愿意付钱，跟我们理论，遇到最多的就是这样的事。你态度很好地去跟他说，他就觉得他是上帝，对你特别不尊重。而且从去年开始，我发现男性比女性更难缠。公司有规定，每个摊点上都有负责人，有些事情负责人也是做不了主的，所以必须上报领导，负责人也是不能作出所有决定的。但游客不理解，就跟你闹。我们一般情况下还是以游客为主，尽量不引起投诉，能解决的都给他们解决，即使是在我们吃亏的情况下。过节前公司要求不能有投诉事件，不能有安全事故，哪怕少挣点钱，也不能出现类似的问题，所以我们每个人每天都紧绷着一根弦，特别紧张，就害怕出什么事。

但是有时候人多也照顾不过来，像"十一"的时候人流量特别大，能达到 10 万人，你就是服务 1 万人，那也是非常难的事情，所以只能保证尽量不出现任何问题。我觉得大部分游客还是挺好的，你对他态度好，他也不会对你不礼貌，而有的游客会出言不逊，员工回应两句，就闹得很不愉快。我们过节前都会有培训，哪怕是你吃点亏，别人把你骂了，也不允许还嘴，更不能还手。所以经常是没办法，碰上特别难缠的人就只能吃点亏了。

像那天来了 10 万人我们也基本上都能接待，只要把前面的工作安排好了，比如说小火车，它是有排队系统，有秩序的，忙而不乱。我们过节两辆火车不停地跑，一车拉 80 人，两火车就差不多拉完了。然后再排队，火车刚好转回来，就非常顺畅，没有说发生接待不过来的现象。

有些游客也不一定坐车，喜欢绕着湖走走，好多人愿意走一走、转一转。因为那个车是可以随时上下的，所以对很多外地游客来说，这个是非常人性化的。可以中途下车划船，划完船再坐车回来，不会让你走回头路。

我们在网上也做了团购，游客也很喜欢到这儿来。对他们来说，这儿确实是一个休闲的好地方。

给我打电话的人特别多

节假日，我们招聘的大学生临时工也比较多，他们都愿意到这儿来，因为既能体验生活，又能挣零花钱，顺便还玩一玩。每个星期给我打电话要来兼职的人特别多，争着来做工。

大学生到这儿有很多能做的事情，都是非常简单的，也能锻炼他们。旅游行业、服务行业首先让他们学会跟人打交道，有的人在这儿做临时工好几年，大学几年的业余生活基本都是在我们这儿度过的。公园不像超市那些地方那么乏味，一站就是七八个小时。你只要会说话，做事认真，就没有问题。所以很多大学生觉得在这儿工作挺好的，每天能见到那么多不同的人，还能学到很多东西，更能挣钱，所以都愿意来。

我们这儿招临时工的数量还挺大的，具体数字要看什么时间。基本上“五一”“十一”都招几十个，比我们正式员工都要多得多。怎么管理呢？我们这儿有几个码头，广场也有两个，各是各的人，各自分的人各自管好，当然也要统一管理。正式员工不多，加起来有20多个，所以我们到节假日就能达到60个人左右。过节的时候给每个车厢都配备一个工作人员，上下船、上下车都得把游客照看好。我们这儿特别注重安全问题，不能出事。到目前为止，还没有出过什么问题，希望以后也一直没有安全事故。

有时候也会因为游客自己的原因出现一点小事。因为我们这儿租车前都会给他们说好，比如说这是休闲车，不能当赛车骑，哪些地方不该去等等。有时候回来后自行车都给扭成麻花了，还真不能把游客怎么样，有的游客还会说是我们这自行车的问题，把他们摔伤了。但是他们骑出去的时候，我们已经给他们交代过了，而且填了责任单。但就是有一些游客不按规矩办事，回来之后还会跟你闹，遇到这样的事真的是挺烦心的。

我们每天要跟游客说很多话，尤其是人多的时候。我们一天下来忙得喝不上几口水，嗓子干痒得难受，真的是很累。

不过我们这儿员工流动率还好。现在员工的年龄基本都比较小，上25岁的都很少，25岁以上就是一些管理层的领导，人数也不多。平时招人还是蛮容易的，招的人哪儿的都有，离得远一些的人稍多点，包括富平、渭南那边，其他的像宝鸡这些地方相对少一点。

做这种工作就是一种享受

我娘家是临潼的，我婆家是宝鸡的，我们在西安买的房子。平常家里人也忙，没时间过来，有时候礼拜六、礼拜天小孩会过来玩玩儿。主要是我们工作性质跟其他工作不一样，人家都是周末出来逛一下，我们这儿周末是最忙的，平常还能闲一点。

我们家离曲江池比较远一些，回去大概得一个半小时。虽然我在西安买了房子，但基本上是有时间才回去，没时间就直接回宿舍了。因为我跟其他人工作不一样，基本上都是等他们走了，我才能走。一般就直接回宿舍了，宿舍离得也不远，两步路就到了。

我在这儿上班，把家里基本就撂下了，没时间顾家。人都说我是工作狂，一天啥都不管，就知道工作，其实我感觉有时候确实是这样子。但是我也没想过在这儿附近买房子，目前还没有这个经济能力，而且这边房子的面积都还挺大，房价基本都上万了，宁愿租一个，也不会去买它。你奋斗一辈子，就为了买一套房子，我觉得这样活得太累。我每天就算多跑上两步也没啥，何况也不至于天天跑。其实还得根据个人的经济情况，你有什么样的能力，就去干什么样的事，最适合自己的才是最重要的。

海洋馆、电影院、音乐厅、美术馆这些地方我没时间去，平时网上订的票我都送给别人了。我们岗位跟其他的不一样，毕竟是旅游行业嘛，不像人家坐班制的，平常就在办公室坐着。我们都得出去跟人打交道，你不跟人接触，整天在办公室，解决不了问题嘛。再一个，如果游客接待遇到问题，你得现场处理，如果不去现场处理，对景区会带来一些负面的影响，生意自然也会受到影响。

我平时有事才休假，没事的话就一直上班。一般人可能接受不了，但是时间长了也就习惯了。我们这儿上班不像坐办公室那么枯燥，应聘的人来了，我们也会给他们讲：要对工作有兴趣、有自信才行，你把工作当成一种享受，就不会觉得累。在这儿的年轻人比较多，不像在工厂和办公室那么压抑，你越会说话、越懂得与人沟通，就越能做个更好的员工。

每天我都感觉挺充实的。哪怕是淡季，因为项目多，所以一天都觉得很充实。其实我这人性格还好，算是挺开朗的。每天事再多，自己宽慰一下，干完一件事，你就放心一点，就是干不完，也不会把自己压抑得太久。

对这块儿蛮有感情的

曲江这里居住环境好，人文环境也挺好的，有文化氛围，外面人对这儿评价特别高。一般人在这儿买房都很难，主要因为价位太高。大家一听在曲江这儿买的房，都认为家里应该挺有钱的。我喜欢这儿，一旦在人少的地方待习惯了，去人多的地方走路都会觉得紧张，我不太喜欢那种生活状态。所以每次出去办完事回来，我还是觉得这儿比较舒服。人多的时候热闹，人少的时候又很安静，这是两种不一样的氛围，我很享受。人们都觉得在这儿买房或者在这儿上学是一种经济上或文化上的炫耀，我觉得还是因人而异。不管是在经济上还是文化上，曲江确实有很多出彩的地方。

我在这儿工作、生活了也有两年多了，对这块儿蛮有感情的。虽然说平常工作特别累，工作时间那么长，刚来的时候我也不太适应，像我以前在别的地方上班，基本上都没有加班，但在这儿加班是家常便饭。但是我这人心态好，这也是锻炼出来的。我觉得人在一个地方上班、生活，你得学会去适应它：如果你工作非常认真、上心，可能适应就特别快；如果工作没有干劲、不把它当成自己的事来做，就会对它越来越讨厌，感觉什么都不顺。我觉得我的心态和我们培养人有关，我最近也在培养一些人，所以感觉这段时间确实轻松了很多。我们现在工作分配得比较合理，项目也有条不紊地进行，有时候我培养的人也会被调到其他地方。所以自己还得重新培养一些人，不然会活得非常累。

这是个现实的问题，但是也得学会适应这种情况。你觉得缺了他就不行，但这个人走了，你还是得把其他人培养起来，他们照样也能干。就看你怎么去教，我觉得这个特别重要。之前我们也是，刚培养起来一个人，觉得他用起来特别顺手，过两天他就被调到其他码头了，就感觉自己工作一下子陷入了困境。但是通过几天的调整，迅速地找到一个新的切入口，工作状态也就找回来了。也许换了一个人，用起来不那么顺，但相对他的管理者来说，他可能更优秀一些。所以还是要不断地去做，才能有一些新鲜的东西被挖掘出来。要不然一个人在一个环境里待太久了，他就不会用新的方法去做事。事情不可能永远不变，关键看你怎么去应对。

我们这儿的项目在这儿很长时间了，公司成立了八年，在这儿就有七年了。我在其他地方也上过班，但我觉得在这儿上班最好的一点是：没有特别阴暗的勾心斗角。大家相处得跟朋友、家里人一样，很和谐。所以我觉得工作也比较舒心，跟各个部门合作也比较顺畅。就是跟景区合作的时候，他们会管得比较多一点，但是我们毕竟是在人家管理之下工作，所以基本上都配合得很好。

我觉得曲江未来的发展会越来越好，文化氛围也会越来越浓。这儿环境非常好，所以我觉得这儿的发展前景会更好。

曲江可以算是西安的一张名片吧，不过到这儿来的旅游团还是不够多，我觉得对它的宣传做得不是很到位。好多外地人来大都去大雁塔那里，往这边走的相对来说就少了，只看到广场的热气球，不知道里面有多美。当然现在的公园越建越多，竞争也越来越激烈，但我相信这儿要是继续发展的话，一定会变得更好。

采访手记

因喜欢而努力，因努力而享受，这样的工作心态，在任何环境无疑都是适应的最佳法宝。这种适应已然不全是为生计而工作，而是饱含了对这方土地的认同、喜爱与眷恋。

地方感是人与地方不断互动的产物，是人以地方为媒介产生的一种特殊的情感体验。经由这种体验，地方成为了自我的一个有机组成部分，其意义不能脱离人而存在①。地方感不仅是个空间概念，也具有时间维度。经由时间的延展，人地相互联系从地方熟悉（place familiarity）、归属（place belongingness）、认同（place identity）、依赖（place dependence），直至根深蒂固（place rootedness）②。和前述店长相比，曲江如画的工作环境极大地深化了她的认同，而不愿浪费时间往返家与工作之地，更让曲江成为其“第二居所”。因此，她的“内部群体”的归属感更为强烈，对她而言，曲江不仅是个工作的地方，更像是她的家。“家”是对个人更重要的“地方”，给予人稳定的安全感与归属感③，是个人探

---

① Steele F., *The Sense of Place*. Boston, MA: CBI Publishing, 1981.

② Hammitt W. E., Stewart W. P., Sense of place: A Call for Construct Clarity and Management. *Sixth International Symposium on Society and Resource Management*. State College, PA, 1996.

③ 张中华等:《地方理论应用社区研究的思考——以阳朔西街旅游社区为例》,《地理科学》,2009 年第 1 期。

索外在世界的精神起点。

如果用系统的观点来看待地方感的形成，那么就会发现它和周围环境之间建立输入、输出及反馈的体系。个体在环境的互动中形成地方感，而当他们将自己依附于地方之上，这种地方感就会通过各种方式影响个体的自我认同，进而影响到个体的工作和生活状态。小韩说：“我觉得你到一个地方上班、生活，你得学会去适应它。如果你工作非常认真、上心，可能适应就特别快；如果工作没有干劲、不把它当成自己的事来做，就会对它越来越讨厌，感觉什么都不顺。”也正是这个意思，个体的积极付出会使其与地方建立更深入、更广泛的联系，识别出自己地方的意义及地方对自己的特殊性，产生深刻而持久的情感与地方认同。而地方认同的建立又会反馈于这个系统，强化个体对于地方的归属感，使得个体更愿意为此付出。这就是为什么前面说小韩虽然也只是在曲江工作并非曲江居民，但却更像是曲江的内部群体的原因。她不是像旅游者一样被曲江的自然环境所吸引，而是更深地浸淫于曲江这个环境之中，通过自己实际经验来感受曲江。无疑，曲江是她生活中的重要部分。

路还很远，事情还很多

本文故事描述的王先生，29岁，是曲江池遗址公园三味轩餐厅经理，采访地点在其店内，采访时间为2013年11月23日9点到11点之间。

我们“三味轩”在曲江这儿开店也没多长时间，是两年前11月份才入驻到这儿。和当时来的时候比，现在的变化也不是特别明显，可能是因为我们来得晚，这儿基本已经发展起来了。如果我没有记错，曲江遗址公园应该是2008年开放的，那会儿大多数市民都不太了解，公园是在7月份举办了一个开园仪式，当天的人比较多，后来人流量越来越大，尤其是节假日，可以说“人满为患”。

这就是我们的商机

小的时候，逢年过节大家都会去逛东大街，现在就不一定了。因为曲江这边旅游景区比较多嘛，活动也不少，尤其是节假日都会有一些大型活动，像大雁塔的音乐喷泉就特别壮观。曲江池的景色虽然不能和大唐芙蓉园比，但最起码它不收费，而且有湖有山有水，草根阶层来得可能性就会比较大。平时坐公共汽车或者地铁过来，带着一家子游览一下曲江池的美景还是很惬意的。尤其是在夏天，人特别多，像门口这服务亭，卖水卖得都断货了，天气比较热的时候，到下午两三点水就卖没了。

再就是交通，这方面变化也比较大。那会儿刚来的时候交通很不方便，甚至有时候问路都是这样的回答："曲江遗址公园？""哪儿？""不知道。""打出租车吧？""到不了。"晚上像我们餐饮行业下班都会晚一些，最早也得九点，如果再晚一点的话，街上基本上看不到人了。你想要坐车回去，那阵儿公交车还没有到这儿的线路，晚上回家真是困难。后来才有了 715 路，又有了很多其他线路的车，终于解决了广大市民来这边游览的交通问题。

现在这边有时候还堵车呢，堵得还挺厉害的，尤其是节假日。关键是曲江这边的路大家都不太熟悉，因为是新建的区，有很多人都不了解这边，甚至我们这个店在这边都开了两年，还是有很多客人问："雁南路？不知道。"所以你得给他说标志性建筑，比如大唐芙蓉园，他就知道了。你得说大唐芙蓉园的西门再往前走一个路口横着的那条就是雁南路。要是直接说雁南路，或者直接说曲江池东路、西路，大家可能都不太清楚。

这几年主要的变化还包括绿化，刚来的时候，这里的树、草坪都是零星分布着。

以前来看曲江池，就是一公园，中间有湖，旁边全部是绿树。那天不经意地在那儿拍了一张照片，回去一对比，完全吓了一跳。现在周围全部都是楼盘。也就是说，有很多人都已经入住到这里了，人气很旺，这就是我们的商机。因为曲江这一片像我们这样的餐厅还是比较少的，虽然现在这边陆陆续续地还在建商业城之类的，但是两年前我们来的时候这边还破得很，只有在公园中间这条路上开了几家店。路口的那个餐厅比我们还早，还有一个茶秀也来得早，剩下的一些饭店都比我们晚。

以前这里的生活服务区比较少，在这儿住的人想买菜都很困难。现在这儿附近又开了一个街坊集市，就是一个中小型超市。有了这些生活配套设施，人们肯定都愿意搬过来住，不管冬天、夏天，这边的空气质量都比城内好很多。夏天的时候，供游客和居民乘凉休息的地方很多，可能有些人也不是在这边住，他们就赶最后一班公交车，差不多十二点才往回走。有时候我们下班也挺晚的，坐末班车的时候基本上要硬往上挤。

小企业的优势

我家不在这边，在北郊。平时上班坐地铁到电视塔，然后倒 161 路到饭店。地铁很快，大概也就 30 分钟。我不打算在这边买房，这边的房子太贵了，买不起。

很多西安人到了周末，大老远跑到这边逛，不过我是不会专门跑过来逛，毕竟平时在这儿上班已经待得够了。曲江有很多娱乐设施，比如太平洋影城、音乐厅、美术馆等。电影院到处都有，我还不至于坐 30 多分钟地铁过来看场电影。家里人在节假日或者周末的时候可能会到这边来，但是我觉得现在大部分西安人不会在节假日跑到曲江来凑热闹了，因为这边的路修得不是很宽，尤其在过节的时候，超级堵车，夹在里边动都动不了。不用说自己开车了，就是挤公交车都很困难，感受过一次就不想再来第二次了。去年正月十五灯节的时候，为了缓解交通压力，公交车延到十二点，我们就坐在这儿硬等到最后一班车还差点没挤上去。要是我的朋友们要来曲江，我会劝他们不要在过节或周末的时候来。

当初规划的时候可能觉得路挺宽的了，没有预料到现在这个状况。也可能是曲江发展得比较成功吧。以前看灯展都是去兴庆公园，现在大唐芙蓉园的灯会办得挺大的，灯的种类也特别多，看灯展的时候还能欣赏大唐芙蓉园的夜景。

我们店在这边的小区里安排了员工宿舍，就是那种拆迁安置房，附近的餐饮行业，包括其他一些服务行业的员工宿舍都是这种。因为现在从事这个行业的员工年龄都比较小，90 后居多，你给他们安排得太远，或者不安排宿舍，我们会担心路上出现一些安全问题，而且也不是特别好管理。

现在这些孩子想事情都比较单纯,安排在一起比较便于管理。我们的宿舍离这儿很近,每天上班最多走十分钟。

我们三味轩一共有 36 个员工,企业虽小,但有自己的优势。我们跟那些大酒店不一样,他们的员工大多数住得很远,员工每天在往返的路上就要花费一两个小时。因为他们酒店没有住宿,员工刚工作也没什么钱,还要花费一部分工资租附近的房子,生活压力就会很大。我以前也是做酒店的,酒店有酒店的规定,里边只有倒班宿舍。如果你在晚班要上早班,可以申请去住,但是你不能把所有东西放在那里,毕竟第二天就要换人住了,很多人也不习惯。酒店一般对员工素质要求相对要高一点,要有一定的培训经历,英语水平至少要能进行普通对话,因为大多数酒店都是涉外的。

我们这边上班比较晚,一般都是上午十点或者十二点,一直工作到晚上。晚上就没固定下班时间了,早点儿的话可能十点、十一点,晚点儿的话就一两点吧。那得看客人,客人坐在这儿,我们肯定不能说:“我要下班,请您走吧。”我们会给员工安排中午的休息时间，他们有时候也会结伴去附近转一转、湖边坐一坐，如果有朋友来，也可以带他们在这边看一看。因为我们这儿还有其他店面，事情很多，我中午也不一定会待在这边。

我的家人朋友聚餐时一般不在这儿，这儿的交通还是有问题的。如果从北郊下了班，不管坐车还是开车，等他们到这儿，估计我也该下班了。我们这边也有一些北郊的客户，他们有时候会打电话订餐，订十次可能有八次都会在七点左右打电话取消："实在对不起，现在堵车堵得厉害，三环上都堵!"以前有人知道会堵车，就会绕三环，大概半个小时就过来了，现在绕三环也不行了，尤其是这块儿现在正在修地铁，到了下班高峰期或吃饭高峰期根本就过不来。

想在这边做一些中端的东西

在这两年的经营中，随着曲江的发展变化，我们的顾客构成也发生了变化。刚来的时候可能因为居民不是很多，游客也比较少，很多人来景区吃饭一是图个实惠，二是可以节约大量的时间，所以就想找一个便捷的快餐或者点个米饭炒菜什么的，20分钟上菜，吃完大家去逛下一个景点。而我们店做的是火锅，它本身是一个比较费时间的餐饮形式，要坐在这儿慢慢地煮，所以我们这儿的游客不是特别多。我们刚到这儿的时候主要还是企业来的人比较多，包括曲江文旅的、电视台的、曲江池的、大唐芙蓉园的，有时候大家聚个餐，都会在我们这儿。

但是这一两年过了之后，变化就比较大了。现在这里属于回头客比较多，主要做的是高品质，随着附近楼盘的开业，来曲江池的人特别多。有时候下班了都能碰见客人在边上遛狗：

"你这么早就下班?"

"今天生意淡，好儿天都没见您了。"

“出国刚回来，好几天都没遛，就拉出来遛遛，明天去你那儿吃。”

他明天指不定就来了。有些人过年时在家吃火锅嫌麻烦，就直接过来了。可能这边就是我们所说的富人比较多，他连菜都懒得洗，到我们这儿就是：“我要这这，全部打包，今天回家吃。”到了过年，需要一个在家的氛围，所以很多人直接打包回家吃。这附近住的人，包括曲江池里边的那个别墅区的人，都经常来我们这儿吃饭。

我们这家店并没有特别细分的市场定位，比如是想更多地针对外面来的游客还是当地人什么的。我们来曲江是因为我们和曲江文旅之间有密切的关系，在这边主要是为了做一个配套的服务设施。我们跟曲江文旅合作，就是想在这边做一些中端的东西，可能会更好一点，方便这边的人吃饭休息。包括节假日的时候，我们会做一些便民的盒饭，拿出去卖，也是卖得非常抢手，就是为了方便旅游旺季的游客在景区附近就餐。

我们店里的装修是很用心的，我们老板和一个设计大师关系很好，拿到这个房子的时候就请人家来看，让人家给重新设计了一下。房子基本的格局没有变动，只是把内部装饰重新变更了一下。老板比较注重这方面的事情，他的意思是既然要做餐饮，起码让人进来坐着要舒服，不能搞成乱糟糟的样子。以前这里有好多镜子，还有隔纱，乱七八糟的，人一进来首先感觉就是不舒服。我们看了这里的情况，才有针对性地做成现在这个样子，所有的东西都是根据这里的评价、附近人的消费，重新设计的。

曲江的居民这几年多元化了

除了交通以外，曲江的建设还是蛮好的，包括整体的布局。我们也听说了，曲江是张锦秋大师亲自指导设计的，西安市政府投资了20个亿。西安是一个缺水的城市，以前是八水绕长安，现在基本上都没水了。世园会没开的时候也就一个兴庆湖，大家可以转转，再下来就是护城河，也没人爱去看。所以当时大家知道曲江开发了很多有水的景区之后，来这边玩水的人特别多。

曲江居民的构成这几年也开始明显多元化了，比如有回迁的居民，像雁南小区这样的，有新进入这个区域的居民，还有很多陕北的，也有一些外地的，甚至还有一些老外。这个变化跟我们没关系，我觉得主要是曲江池的带动。因为曲江池虽然不是什么大项目，但是在西安的城市公园中，曲江池应该算是非常好的了。包括它的规划、设计、功能，就没见过哪个公园里有这么多厕所、这么多板凳的。而且它的设计非常细致，有些专门用来服务游客的湖心亭，我记得好像有个凉亭直接伸到了湖面上，非常凉快。还有一段时间那边弄了一个茶社，有说相声的，所以说做得很丰富很实在。

在多元化的居民构成中，只要你做服务产业，肯定都会遇到比较难缠的客人，但我们这边总体来说还是比较少的。来我们这儿就餐的客人素质还可以，但其他的地方就不好说了，我们也看见过在马路对面打架的。可能我们这儿的环境决定了这样的现象，来这儿吃饭的人不可能说："给咱弄两瓶酒，咱来划两拳。"到了节假日或周末，拖家带口来的客人不少，小孩到处又蹦又跳、又打又闹的，有很多客人觉得太吵闹。除了这种情况，客人在我们这儿吃饭的反馈还是挺好的。中午晚上来我们这儿吃饭的基本上能坐个八九成，我们的背景音乐是那种古琴类的古典音乐，声音不是很大，主要是营造温馨舒适的氛围。很多人还以为我们这是茶秀，其实是火锅店。

我们这家店的人均消费大概是两百块钱，也算不上特别贵，只是中高档的样子。很多客人比较喜欢这儿的环境，去其他地方吃火锅的话，比如海底捞，一是味道特别大，二是环境太嘈杂。而我们这里的商务客人比较多，有时候可能在我们这儿谈生意，所以环境静一点更合适。

我们集团在餐饮方面刚刚起步，以后会有更多的新项目，都是在曲江范围之内，我个人将来肯定会留在这个集团。路还很远，事情还很多，只有一步一步继续往下做，才能不断进步。我对目前从事的餐饮管理工作还是挺喜欢的，因为我本身就是学这一行的。

如果有好的机会，我们会考虑再多发展一两家店，当然也不着急，还是要一步一步来，也要看跟曲江、大唐芙蓉园或曲江文旅如何再进一步地合作了。

采访手记

新的开发、新的商区、新的地标、新的聚居。曲江的开发俨然已经成为西安市一张响亮的名片，一个新的增长极，更是一个新的凝聚记忆、历史与想象的地方。坐落于曲江池遗址公园门口的三味轩只是曲江发展的一个缩影，却见证了这方土地的发展变迁。

在人地互动构成中，人与物质的流动和转变，使得地方不再保持单调和停滞的状态，而经历着不断的建构、解构与重构。尤其是在全球化和经济快速发展的影响下，地方的空间结构和社会结构随时间的流逝而持续发生变迁。城市化的快速发展，注定意味着一些地方的没落，更彰显着另一些地方的突起。曲江正是这样一个新的焦点：环境宜人、交通通达、楼盘林立、设施齐全……越来越多的商家入驻，多元化的居民集聚，大雁塔、曲江池、大唐芙蓉园已经成为人们耳熟能详的地标性指示，更是日常休闲娱乐的核心场所。地方是移动中的停顿，经由人的作用，陌生的空间将成为经验空间①，而随着新的社会网络的扩展及共享价值与记忆的凝聚，新的意义必然会在这个地方彰显。

两年的工作积累，让这个火锅店店长对曲江有了相当充分的了解，并系统地探索和认知作为自己经营环境的这个区域，在认知的过程中，

---

① Tuan Y. F., *Space and Place*: *The Perspective of Experience*. Minneapolis: University of Minnesota Press, 1977.

逐渐熟悉并建立起认同和归属感。与之前访谈人物不同的是，他的陈述几乎少有涉及个人生活，而几乎都从工作角度谈起。对自我的认同、对企业的归属感、对曲江的地方依附这三个层次在其身上得以完美统一。从经营环境看曲江，从曲江的发展回归餐饮的定位，他对地方的依附更多地表现为对企业的认同感和归属感。可以说，对地方和空间的理解不能只是透过客观的数据，只有通过人们的经验、理解，空间和地方才能显示出它们在人们生活中的意义。

安　逸

曲江是个玩儿的地方

本文故事描述的是两个小朋友小贝和东东，小贝是一个九岁的小女孩，东东今年六岁，采访当天小贝和她阿姨还有阿姨的孩子东东在曲江玩耍，采访地点在唐城墙遗址公园内，时间为2013年8月1日16点到17点之间。

我们在曲江太平洋影城门口见到了两个小朋友，女孩小贝九岁，男孩东东六岁，快快乐乐地跟着东东的妈妈从电影院出来。他们住在长安南路，姐弟俩已经在曲江玩了一整天了。

可能是因为玩得开心，两个孩子，尤其是大点儿的小贝，在面对我们的录音笔时表现得很活跃，下面的话基本都是她说的。

一天活动在曲江

我们俩刚才看的是《赛尔号》，挺好看的。我们已经活动了一天了，早上去南湖边儿喂鸭子、喂鱼，然后去爱儿玛玩，中午吃香的喝辣的，下午我们就去看电影了。

南湖特别漂亮，亭子倒映在水面特别美。早上我们带着面包去喂鸭子，鸭子把面包都吃完了。我们还看见了那个大黄鸭子，东东觉得大得不

得了，阿姨说这个可有名了，可我觉得也没啥，那鸭子跟个雕塑一样摆在那儿。我们把食物掰细一点儿给鸭子一扔，旁边还有很多小鱼跟鸭子抢吃的呢。我们喂鸭子的时候好多鸭子都在对面，它们都在陆地上活动，我们喂了一会儿，它们好像都饱着呢，我们就喂鱼去了。那鱼长得都特别大，阿姨说得有五斤。这么大(比画)一个小蛋糕，那鱼啊呜地一口就吞了，然后就慢慢地钻到水底下消化去了。它到水里嚼了嚼，然后再上来吃别的。

早上喂完了鱼，我们还加了一回餐。阿姨给我们带了三明治，里面还夹了西红柿片儿，太好吃了。我还坐在亭子里吃了个香蕉。

喂完鸭子我们就去爱儿玛了，爱儿玛今天人一点儿都不多。我和东东一会儿玩玩这个，一会儿玩玩那个。我们去 A 区城堡了，城堡里有滑梯，还有一种转的，跟荡秋千一样那种。那里面的游乐设施基本上我们都玩了，还有蹦床，我玩了好长时间蹦床。东东玩过滑滑梯，玩过蹦床，玩过秋千，还玩过那种就像半个大西瓜一样的东西，他进去然后家里人给他摇晃，左右摇晃，他最喜欢玩这个。

从爱儿玛出来我们就去吃 subway(赛百味)了，结果我俩一看见 KFC(肯德基)的牌子又立刻动心了。所以我们就买了三个三明治，阿姨给我们一切两半，我们就带着 subway 去吃肯德基了。东东爱吃薯条，我是比较“全面”，我吃了点鸡米花，吃了点薯条。鸡米花有点辣，他（东东）吃不了。

游逸于曲江

我觉得曲江是个玩的地方，休闲的地方，娱乐的地方，现代化的地方。我最喜欢曲江池，就是南湖那边，还有就是有游乐设施那一块儿。

我们全家经常去银泰，一般去 DQ（冰雪皇后），逛沃尔玛超市，吃喜多多呀之类的，主要是吃嘛。我印象最深的是去吃 DQ。你一进去，服务员就问你要什么，我就爱吃暴风雪，有很多很多系列，比如说提拉米苏系列、巧克力系列、蓝莓口味的、草莓口味的，各种各样。我就喜欢吃奇脆巧克力，还可以再加点儿华夫脆、红豆、青豆酱之类的。我家也不是每个星期都去，有时候是专门去吃那个，像有一次我游完泳，爸爸就把车停在那个门口，让我上去买一杯暴风雪。

我家经常去沃尔玛。在银泰，除了沃尔玛、DQ 之外，还有就是 subway，它就是卖三明治的。我还在那儿吃过嘻多多，是一种韩国拌饭，还有火锅。有时候我们也在银泰那儿去逛街，妈妈在银泰的那个 Zara（飒拉）给我买过 T 恤，白色的，上面有镂空花纹。

那天吃火锅是跟东东弟弟和他妈妈，还有一个姐姐和一个阿姨，很开心的。大人聊天的时候，东东爱听大人说话。我俩和那个姐姐就在旁边聊，她跟我说她在加拿大的生活经历，我给她说我在这边的见闻。后来我们就带东东去看鱼，鱼火锅店里有一个很大的鱼缸，里面全都是金鱼。然后我们就观察鱼，看见鱼屎就像一个机器丝线一样挂在鱼尾巴旁边。看完鱼我们还去鱼火锅店外面看了看，还带东东看看玩具，他比较喜欢那些玩具。

除了喂鸭子，我还在南湖划过船，好像是条鹅型的船，从一个喷水的地方过还把我全身都弄湿了。可好玩了，所以我还想再划一次。

我还到大雁塔去过。我知道大雁塔，就是唐玄奘去印度取经，回来就在这儿。姥姥和姥爷带我上去过。大雁塔唐朝的时候就存在了。而且唐朝的时候好像曲江比现在的南湖还要大得多，因为有个“池边多丽人”啥的。“三月三日天气新，长安水边多丽人”，就是这首诗。因为春夏季大家都热，那些富贵人家的太太小姐什么的，大家都喜欢到池子边来玩玩。太太小姐都长得很漂亮，所以叫“多丽人”。

有一次我们美术班组织活动，买的那种白风筝，让我们自己在风筝上画自己想要的图案，我觉得这个必须画得又大又鲜艳，不然的话放在天上就看不见。我们画好之后，那天也是个大热天，可是一点儿都不减大家玩的兴致。大家就在那儿狂跑，有的风筝还挂在树枝上了。大家跑得满头大汗，就在大雁塔东广场。

我还去过那个八大怪雕塑，关中民俗园，还有喷泉。大唐通易坊那儿不是有个曲江池 KTV 嘛，我在那儿唱过歌。那旁边还有个陶吧，可以玩泥塑，不管是手捏，还是机器都可以去玩。我就是有时候去唱歌，再去吃点东西，像韩国花之歌烧烤什么的。

我每天上学都经过大雁塔。我家每次都是开车，那儿又是个很大很大的转盘，走到那儿就必须绕大雁塔很大一圈。我还去过威斯汀酒店吃过两次自助。我觉得可好吃了，我给自己拿了好多芝士，现在想起来都觉得腻得要死。

我也喜欢唐城墙遗址公园，我小时候好像最喜欢秋千，妈妈说我每次去了都要排队，排很长时间然后玩一会儿。不过现在我不喜欢，因为家长老让我自己荡，我自己又荡不起来，而且排队的人又特别多，我也没耐性等。我也喜欢滑滑梯，不过那个静电老是把我弄得很难受，它就像个大管道一样，我从里面滑出来我头发就竖起来了，刺啦刺啦的。

活动器械那儿有的时候小朋友挺多的，有的时候不太多。要是晚上去就还可以，因为大家都回家各自忙各自的去了，要是下午人就比较多。我相对来说还是喜欢去玩绳网，因为那儿全都聚集的是小朋友。大人们的活动器械我不是特别感兴趣，因为那种不能当玩的东西来使用。那个绳网呢，不是那些小朋友玩的，因为他们太小了爬不上去，那些大孩子呢又比较守秩序。所以都是跟我年龄差不多的孩子在玩。

我遇到小朋友的时候就跟他们一起玩，有一次两个小弟弟跟我一块儿玩跷跷板，他俩挺会使劲的，然后我就发现我比他们两个更会使劲儿，总把他们俩用力地压下去。两个弟弟是在那儿认识的，都是偶然遇到的，他们说姐姐一起玩吧，我说好。然后我们就比力气看谁能把谁压上去，后来他们使劲也没把我压上去。

平时是爸爸妈妈带我去。有一次考试前我还去过呢，爸爸跟我玩跷跷板，他颠得可恐怖了，把我颠来颠去，我就哭了，因为我觉得可害怕了，我让他停他又不停。然后他又很严肃地把我训了一顿，嫌我玩不起，后来我也觉得可惜了，要是不哭的话我就可以多玩一会儿。

我挺喜欢去美术馆和电影院的

电影院我去过两回，因为我家看电影主要是和我姑妈他们，他们住东郊，我们就爱到那边的影城去看。我去过两次太平洋国际影城，一次是《赛尔号》，一次是《悲惨世界》上映的时候。

这两个地方环境都不错。但是相比起来太平洋影城我更喜欢一点，一个是离家近，二是我觉得它提供的吃的、服务什么的要比东郊那边多一点，像哈根达斯啊，原味豆浆啊以及其他，好多喝的，还有爆米花。现在它还推出了一个那种造型的，上头是个碗口型的，下头却是个瓶的，装的饮料，你把一个吸管好好插进去，可以吸着饮料，然后你还可以往嘴里塞着爆米花，但是在东郊我还没有看到。

我也经常参加美术馆举办的一些活动，看画展啥的。有一次有个画家叫北邦，他画动物，美术馆把他请来，举办那个活动，让他给我们讲讲如何画动物。他特别喜欢给动物身上画一些珍珠穿的那种链子，把动物人性化，他也喜欢根据生活中人的性格来画动物。比如说有一个人很温顺，他就画成小猫啊之类的，一个人很焦急他就画成比较急躁的（动物）。

美术馆有一次举行了去儿童福利院的活动，让我们去给西安儿童福利院的墙上画画儿。组织了一批孩子，还有志愿者，也让家长画，家长画一些鸟笼子、小鸟，还有一些花花草草。我们老师还画了一只好看的狮子和一些木马，特别梦幻的那种。家长们都根据自己的经验，说这种大白墙上画什么好看，我们就画他们准备的那些墙稿。

我挺喜欢去美术馆和电影院的。看电影热闹，画展我也觉得他们都画得可好看了，尤其是人物展的时候我就特别喜欢，我喜欢画女的人物，因为我也是女的。

我也去过西安音乐厅，听过长笛演奏，还有钢琴公主演奏，他们演奏得都挺好的，不过我坐在那儿快睡着了。

我还看过曲江国际会展中心的演出，演的《文成公主》，挺好看的。我还在那儿看过一次迪士尼的演出，就是米奇、米妮还有唐老鸭什么的，开了个车到处走，灰姑娘什么的都跳出来了，有个混合大演出，大家各有各的精彩节目。

大唐芙蓉园我也去玩过，看过水幕电影，很多水喷上去，风一吹都是雾，很美。我在旁边那个富平陶吧玩过。我参加了一个活动，让我们参观一个展览，因为有很多艺人，他们用艺术来表达自己的思想，虽然他们创造出来的可能是很古怪的东西，但是他们却很有价值。参观这些展览就要理解这些艺术家们到底在想什么。我还参加了个套圈圈的游戏，得了个奖呢。在旁边的剧场还看了个《功夫泡馍》，可好玩了，我被逗得哈哈大笑。

如果说谁在曲江住，我觉得可能就是物质生活比较好的，也不能说他特别富有，但是他肯定是经济生活还可以的。他是个很现代化，很时髦的人。因为曲江那边是个很现代化的地方，总的来说它就是一个城市繁华昌盛的一种象征。对于我来说，曲江给我带来了很多欢乐，还有方便。

采访手记

童真是孩子与生俱来的灵性，脱离一切世俗功利性和目的性，单纯地追求感官的满足，在他们的眼中，世界单纯而透明，简单而美好，快乐大于天。虽然小贝和东东家不在曲江，但一提起曲江，他们表现得异常兴奋。在他们看来，曲江是他们享受美食、尽情玩耍的乐园，美食和娱乐强烈地吸引着他们，使得他们对曲江产生了一定的地方依恋。

有形性、社会性以及感知性是地方感形成的三要素。两个小朋友地方感中的有形性表现非常明显，在他们参与并融入进曲江给他们提供的丰富多彩的娱乐项目的过程中，他们对曲江产生了正向情感联系，进而引发其归属感、拥有感，最终形成地方依恋。人本主义地理学认为地方认同的层次与人跟地方的亲身接触经验高度相关，越将自己融入地方的内部(inside)，越觉得自己是地方的一分子时，其认同度越高，越觉得地方对自己的重要性大。同时，两个小朋友地方感形成过程中的社会性、感知性也非常有趣。因为年幼，没有复杂的社会关系网络，但是他们能够在曲江玩耍的过程中，结识新朋友，并学会互相帮助。他们透过儿童特有的吃喝玩乐方式来感知曲江，认同曲江，这些参与性很强的活动，能够激起其“共有文化与情感”的地方意识，进而使其对曲江产生归属感和特有的地方情结。

我的生活在这里

本文故事描述的王女士，28岁，是曲江国际旅行社的一名导游，采访地点为曲江银泰星巴克咖啡馆，时间为2013年7月19日9点到11点之间。

我大学是在咸阳师范学院读的旅游管理专业，2010年1月3日入职来到现在的单位——曲江国旅。我们公司入境、出境和国内都能做。我有时候会临时被分配去做全陪、地陪和计调等各种工作。这种职业一般底薪不高，但我们公司收入还可以，除了给底薪，还有五险一金、福利补贴，完成好的话还会有提成。

我和曲江的故事

为什么选择这个行业呢？这也算是缘分吧，当时换工作回西安的时候，曲江国旅刚成立，正巧在招聘，一切都顺理成章，我就来了。上班之后也觉得挺好的，刚开始有很多新同事，工作也令人很兴奋，很新奇，领导也不错。我非常喜欢这个公司，也确实对公司很满意，在曲江工作还能让我有那么一点点虚荣心。

我家在明德门，最近刚刚买了车，开车上下班，每天都经过电视塔到曲江，路上还可以，不是很堵。我比较喜欢曲江，这几年整体环境都好了很多，绿化特别好。

我来的时候，曲江已经初具规模了。这三年间，我见证了曲江池、寒窑等景点不断建成开放，这也都是我留下来的动因。我想是因为我在曲江工作的缘故，身边的朋友和亲人都对曲江有了更多的了解。以前他们只知道这里房子贵，现在他们不仅知道曲江有景区，还知道哪些景区是我们集团旗下的。

曲江这几年最大的变化就是人流量不断增加，特别是逢年过节。等到地铁再开通，人流量肯定会继续增长的。

每当别人问到我工作的时候，我会非常自信地说在曲江，这是一种简单的自豪感吧！应该说曲江给我带来了挺多的自豪感，和别人谈论曲江的时候，我可以给他们介绍我们集团有哪些景区、特点等。

曲江的环境确实不错，这几年基础设施也在不断完善，入住率也在不断提高，我看好这个地方。曲江和我的生活关系太大了，我从来没想过要离开这里，换个工作，必须要在这里好好干，有机会还想通过自己的努力在这儿买套房。

下班之后我会在南湖边走走，这里环境好，水、芦苇、草地，都免费开放。老家来朋友，我首先会推荐南湖，免费是一方面，关键是觉得到曲江南湖看看，会对曲江新区有很好的印象。曾经有个朋友跟我讲，如果想让一个外地人了解西安，就开车带他来曲江溜达一圈，大雁塔、南湖、寒窑、大唐芙蓉园，这些一定能让他留下绝佳的西安印象。平时我逛街也在曲江这一片，钟楼太堵了，小寨又没什么好逛的。我一般会去大唐不夜城和银泰广场，平时吃饭就去大雁塔北广场的一些餐厅，再往南，就是大雁塔南广场、世纪金花下面的小吃城。平时中午经常和朋友们拼餐，餐后还能在旁边商店转转。

说到为什么我这么喜欢曲江，是因为我和曲江有个故事——曲江国旅是我的“红娘”。我和我老公是同事。他是 2011 年来的，和我同属一个部门，计算机专业。他选择曲江，是因为这里的工作平台好。我们在一起，是单位领导撮合的，去年结了婚。我们两个在曲江认识，结婚喜宴、拍婚纱照都在曲江。我们的第一次约会在南湖，景色很美，有很多鸳鸯，还有天鹅，那里也是他第一次请我吃饭的地方。结婚前要拍生活纪录片，司仪建议我们拍和曲江有关的，寒窑、大唐芙蓉园、大雁塔都成了拍摄外景地，整个婚礼都和曲江有关。可以说，曲江已经成为我们的一个标志，它的影响渗透到了我生活的各个方面，包括吃、住、行、工作以及未来孩子上学。

从专业的角度去思考曲江

我经常会想自己应该时常充充电，提升自己各方面的能力。这里的工作其实还是有很大的压力。有人说，搞旅游的不需要那么高学历，不需要那么多知识，只需要记住导游词或搞清楚流程。我觉得不是这样的。学历不代表能力，虽然我现在是本科，但我做的事情和身边很多研究生学历的同事一样。以后有机会，我也去读个研究生，再提高提高，多读书总是好的。

曲江这儿的工作环境很好，我现在的工作也和自己的专业相关，曲江是以文化和旅游为主导发展的，我也经常从自己专业的角度去思考曲江。我们做旅游的，不仅仅是做旅游线路，还可以做旅游与文化产业融合。比如，从文化旅游角度讲，我们不仅可以做东线兵马俑、西线法门寺这么简单的旅游产品，还可以将西安本地特色融入旅游产品，创造新的旅游线路。像之前的曲江游学，把曲江的景点串起来，以国学为主，办夏令营，请一些名人来参加。

我在大雁塔北广场工作，整个大雁塔和芙蓉园都是5A级景区。值得肯定的一点是，大雁塔景区虽然是免费开放的，但地上却没有一点果皮纸屑，开放式的广场卫生很好。不过跟朋友们聊起时，大家都觉得门票收费有点贵，不只是海洋馆、芙蓉园，陕西很多景点收费都太贵。每次出门旅游，我自己都会核算价格，包括房、餐、车、门（票）、导（游）等基本的旅游花费。大唐芙蓉园，我（刚）来的时候门票是90元，现在已经是120元了，但是进了园子之后里面的内容却没有什么变化。景区里面有一些非物质文化遗产，其实就是东仓古乐，但我觉得应该象征性收费，维持一些基本的运营成本就可以了。曲江南湖的景色并不比芙蓉园差，但却是免费的。国外大部分景区也都是免费开放的，当然，国内也有，像杭州西湖、南京中山陵等。

当然对大唐芙蓉园来说，门票是重要的收入来源，门票可以收，但不能像现在这么高，有点离谱。我想，这不是一个景区或集团所能决定的事情，我觉得这和政府有很大的关系。我们常说要刺激消费，拉动GDP。我觉得这首先要增加游客数量，把游客吸引过来了，才会产生出行、购物和住宿等一系列消费。至于怎么吸引，降低门票价格可能是一种简单有效的手段，内部还有什么经济学理论我就不懂了。

我觉得芙蓉园门票定在四五十块钱就可以了，可以让人们多进来几次，增加游客量。再有就是我们公司现在开通了去楼观(台)的车，每天早上的七点半到十点半，每半点都有一趟。楼观(台)直通车也是环山一号线，楼观(台)是终点站，中间经过赵公明庙和农业博览园。其实这个事情也是一个很大的改变，我们每天早上轮班卖票，如果游客买景区门票就可以免费乘车去楼观(台)；如果你不买门票，车费就要12块。每天早上就有人专门来排队坐车，先不说价格怎么样，反正来坐的人多了。原来一天只发两三趟(车)，很少，现在多了。不管是啥都有个起步阶段，要让大家知道它，接受它，需要一个过程。每天早上发出的五趟车加上返回的五趟车，算是把人气烘托起来了。这个要坚持，虽然现在的上座率还没有达到饱和，但还是要坚持。周末稍少点，但逢年过节还是能达到饱和，会有很多人排长队坐车。

我觉得曲江要把市场做大。虽然现在做的可能基本是本地客源，但要放眼世界，让外地人过来，世界的人都过来，市场前景一定会非常好。像楼观(台)那边的道文化旅游区和农博园，现在就比较难，游客很少，原因很简单，景区没在西安，在周至，路程远，单程要80公里。所以对这样的旅游线路，班车和免费政策一定要实施，等人气上来就好了。

曲江应该做的是接些地气。现在曲江貌似有点清高，你不来我也不怎么求你。既然是做文化旅游，就应该回馈老百姓。平时说带父母来大唐芙蓉园，父母首先会问门票多少钱，要不要钱。对于他们那个年代的人来说，这实在是太贵了，虽然我们这个年龄段的年轻人消费观念有很大改变，但我们也会觉得高。曲江是发展好了，人也多了，我们工资也增加了，但是相应地，在曲江的消费也增加了。我们现在这些在曲江工作的，赚得多也花得多。简单地在这里吃一顿饭，少了一百多元，稍微好点的，一顿饭就要两三百元，这样的花费，工资增加多少才能成正比？

曲江唐文化要跟旅游更好地融合

曲江这两个字是蛮有诗意的，从历史文化上讲，曲水流觞，人们坐在水边，一边喝酒一边对诗，很有意境。但是在很多人眼中，曲江却是另外一个意义——高价房区、综合型的旅游度假区，西安的一个符号而已。

通过旅游这种途径，曲江还是在一定程度上代表了西安的文化符号。作为一个文化旅游区，曲江在建筑上是成功的，至少我个人是这样看的。外地人到了曲江，只要看建筑，就知道这里是唐代的文化，即使是那些小商铺，都是统一的风格，这有助于传播唐代文化。当然，曲江的唐文化还要与旅游更好地融合。简单讲，我觉得曲江就是现代文化和唐代历史相融合的一个地方。我的工作在这里，我的生活在这里，我就是想待在这个地方。

采访手记

“羁鸟恋旧林，池鱼思故渊”，一个地方，一种情感。地方认同感是人类原始情感的一种，是生活在一个地方的人对该地方心理上的认同，觉得自己属于这个地方，对自己居住、工作的地方有着强烈的归属感。在这个曲江国际旅行社导游的访谈中，可以明显看出她对曲江的高度认同感。这一点很特别，因为虽然人们对曲江的正面评价较多，但大多都持中立看法，她则对曲江全方位肯定，即认同度极高。这可能与她在曲江的经历有关。在生活上，曲江国旅是她的“红娘”，夫妻两人从相识、相知到相伴，一生都离不开曲江，“可以说曲江已经渗透到我生活的各个层面”；工作上，她对自己的工作、收入都相当满意，“工作很兴奋、很新奇，我非常喜欢这个公司，对公司确实很满意，曲江会满足我的虚荣心。”

人本主义地理学家段义孚认为空间与地方共同解释地理学的本质，但相较于空间抽象、空洞的特质，地方才是人类关注的焦点与意义的核心[①]。人们对空间有了长时间接触、认识、经验、关心与爱护之后，原先抽象、中性、无意义的空间转换为具象、有情感、有意义的地方。从导游的谈话中可以看出她已经将自己内化为曲江人，她看曲江的角度不再是一个外部人(outsider)，而是从一个内部人(insider)的立场对曲江的发展、经营模式等进行深入思考，她已经将曲江定位为自己的家乡，这个评价相当高。对人类有意义的"地方"很多，但家乡(homeland)最为重要。人以自我为中心来认知外在世界，给予人安全感、安定感的家乡则被视为世界的中心。对家乡的深刻附着(attachment)是普世现象，对家乡范围的界定有助于了解人如何认定自己属于哪一个地方，而哪一个地方又属于他[②]。当个体将自己附着于地方，并且将地方当作家乡时，地方认同便由此产生。地方感是可以通过社会关系网络进行蔓延的，这种蔓延在她身上表现尤为突出，她对曲江的认知已经扩散到其亲友身上，亲友们因她在曲江工作生活而加倍关注曲江，由关注而了解，由了解而认知，由认知而认同。

---

① Tuan Y. F., *Space and Place: The Perspective of Experience*. Minneapolis: University of Minnesota Press, 1977.

② 同①。

丰富和多样的曲江

> 本文故事描述的赵先生，39岁，住在西安外国语大学雁塔校区，采访在其家内进行，时间为2013年10月11日14点30分到17点之间。

我从小长于西安，在西安上了大学，读了研究生，之后在交大留校任教。现在住在西安外国语大学家属院。

我见证了一个过程

小时候我家在东二环的南角上，现在看离大雁塔不算远，不过小时候还是觉得大雁塔特别远，主要是那儿啥也没有，到处都是庄稼地，似乎没人想着去那儿玩，更不会把大雁塔当个景点来看。印象中也就是跟我姐去过一次，唯一的感觉就是荒凉。上大学之后有外地同学慕名而去，但是我没跟他们一起，实在觉得没啥兴趣。大学的时候就去过两次，一次是军训拉练我们从那里路过，只是一片草地。班里当时还有人说没想到从小就听说过的大雁塔这么破烂，感觉很失望。还有一次是跟我爸去的，还登了塔。那时候登塔比现在视野好点儿，周围没啥高楼大厦，不过也看不到任何的水域。

没想到我现在住得离大雁塔这么近，也就两三公里，走路都可以到，而且每天上班都得绕着大雁塔盘道开一大圈儿车。我们家平时没事了也常带孩子来曲江这边玩，每周还会开车到银泰的沃尔玛去采购东西。曲江那边建了不少休闲的区域，比如唐城墙遗址公园、南湖，我们开车去特别方便。以前不收停车费，因为人不多，在路边随便找个地方一停就可以玩了。我们吃饭也经常在曲江这边。

大雁塔和以前差别很大。大雁塔周边，还有曲江的变化在这几年里是显而易见的，可以说我见证了这个过程。因为这几年里我每天都要接送孩子上下学，从翠华路一直走到交大，要穿过大唐不夜城，还有大雁塔北广场的那个环道。那么在这个过程里我发现了一个非常明显的特点，就是节假日的时候一定不能走北广场，因为那条路一定会因为游客很多而堵死。为什么游客会很多呢？还是因为这个景点值得一看。而且这些游客里其实还包括了很大一部分本地人。这就说明大雁塔北广场本身，还有南广场和大唐不夜城的修建，对于整个西安市民来说，都是个非常不错的景区建设。

曲江逛庙会

我印象最深刻的还是曲江所修建的休闲广场，经常会带着自己的孩子去玩。我们最常去的就是唐城墙遗址公园，里面有各种公共的健身器材，很是多样化，不仅大人可以玩，小孩也可以玩。在我女儿上小学一年级的时候，每天放学路过的时候我们都会停下来，她很愿意去玩那些休闲设备。在她这个年龄，像滑梯、爬绳子、跷跷板等这样的设施是她比较喜欢的。而且玩跷跷板的时候我也参与其中，让我也找到了自己童年的快乐。

大唐不夜城的修建给我留下的印象也很深刻。记得第一次去逛大唐不夜城的夜景，灯光闪耀，复古气息和现代化的气息都非常强烈，而且完美地统一了起来，让人觉得它确确实实就是一个古都，却也没有失去现代气息。那次还是过年，我们一大家子三代八口人一起去的，大家都觉得非常漂亮。我记得在那儿还碰见了一个多年不见的老邻居，也是住东郊的，大家都跑这儿来逛。所以我感觉到曲江的辐射范围相当远。

过年的时候，我们一家子会到曲江逛庙会，一家人都非常开心，选购自己喜欢的东西。庙会里有各种各样古老的传统工艺，还有小工艺，如吹糖人、搅糖浆、西洋镜等，孩子就特别喜欢。我们也觉得很不错，像吹糖人是我们小时候常见、常玩的东西，那时候上学路上经常花两分钱或者五分钱买个糖稀搅来搅去地玩，觉得特别有意思，现在都多少年没见过了，忽然在曲江庙会上见到这个，还挺稀罕的。别说孩子了，我都想买个玩玩。

还有曲江本身周围全都是古建筑，所以很容易做一些主题性的装饰，比如说那种大红色的装饰，景色非常独特，一般地方也找不到那样的背景，所以在那个地方留影大家都很乐意。我们全家就在那儿照了相，大红色背景看着特别喜庆，西安本来到了冬天到处都光秃秃的，没想到还有这么适合照相的地方。

每周到曲江

当然了，曲江这块儿也有很多购物场所，这些购物场所也丰富了我的购物选择。过去我们购物就只有去小寨，小寨是不错，就是人太多了，晚上人行道挤得慌，而且小寨没办法停车，带着孩子坐公交车太麻烦，走路来回又稍微有点远。现在我们不仅能选择小寨还能选择曲江，民生百货、新乐汇，还有银泰。孩子也很乐于到银泰或者新乐汇去玩，因为新乐汇里有儿童的游乐广场，每次她玩得都非常开心。而在银泰可以尝到很多她喜欢的美食，比如意大利面，孩子们都非常爱吃。

另外我们每周都会到曲江的华润万家或银泰的沃尔玛去采购。长安路也有一家华润万家，我们也经常去，不过两者有比较大的区别。长安路的华润万家购物环境比较拥挤，曲江的就相对宽敞很多，而且它还提供了非常好的泊车服务，我们可以很方便地开着车采购东西，而长安路的华润万家则没有办法停车。同时呢，在曲江的华润万家采购完之后还可以吃喝玩乐，而在长安路我们采购完就只能往回走。

可以说我们出行的重心确实在向曲江这边转移。过去周末的时候如果出去逛，我们只能是小寨或钟楼。因为小寨离我们很近，所以我们更多选择的是小寨。现在曲江这边发展了更多的商业服务，二者比起来，虽然它们的距离基本上是相当的，但是我们还是更多地选择曲江。原因很简单，就是因为曲江的购物比较方便，品种比较多，商城的种类更齐全，再有就是提供了方便的泊车。所以我们整个的生活，包括平常的购物、娱乐，都更多地倾向于曲江。

多样曲江

曲江这块儿呢，孩子还比较愿意去的一个地方就是大唐通易坊开的陶吧，孩子在那儿获得了很多乐趣。它刚开业时我们就去了，给孩子办了个会员卡，四百块钱可以一直玩下去，这个优惠力度现在已经没有了。有一段时间每周我都会带着她去玩玩陶泥，她一会儿玩玩转的那个机器，一会儿玩玩纯手工的那种。我比较喜欢陶吧里给大人设的那个区域，有桌子椅子可以坐在那里喝喝茶，等着孩子玩够了就回家。有时候她妈妈约上几个朋友，孩子也都差不多大，孩子玩他们的，大人聊自己的，两不耽误。

后来孩子大点了，就去得少了。有时候跟别的家长一起带孩子跟她的小朋友去旁边的KTV唱歌。现在的小孩真是特别能唱歌，好多歌我根本就没听过，他们还唱得有模有样的。

太平洋影城我至今没有去过，她妈妈有时候带孩子去。音乐厅也就是去了一两次，都是朋友给我们的票，听不太懂，所以后来就不去了。美术馆去得还比较多，特别是我岳父有段时间跟我们住，老人家喜欢书法和中国画。我们关注着美术馆的微博，我每天开车从美术馆门口路过也留意着，只要有书法展或者画展，周末全家就一起去看。一方面是陪老人，另一方面也让孩子受点儿熏陶。美术馆有时候也面对儿童举办一些公益活动，我们只要有时间都会报名参加，觉得很不错，组织得很好，都是请专业的老师来讲，对孩子来说也不枯燥。

听说大唐芙蓉园对市民有优惠，但是我们没享受这个优惠，因为就在家附近，觉得什么时候都可以去。去过一次，里面大部分都是人造景观，也没什么意思，感觉跟南湖也没明显的区别。里面的水幕电影倒是挺好看、挺热闹的，缺点是晚上太冷。大唐芙蓉园里面有些表演很特别，也挺生动，我们全家去的时候一进门刚好赶上“劫法场”的表演，就在人群中进行的，一进门就看见一群人打得热闹，当时还吓了一大跳。看了一会儿挺有意思，感觉演员很专业。另外就是陪朋友去过一次，看了里面的演出，叫《梦回大唐》，很不错。我去别的地方旅游看过不少实景演出或者舞台演出，《梦回大唐》确实水准挺高，主题很集中，也能体现大唐芙蓉园的那种盛唐文化的主题，把盛唐的那种宫廷文化、民间文化等都表现出来了。不过再精彩看一次也就够了，平时带孩子玩儿，我觉得周围免费的场所就足够了。

所以说曲江新区的开发建设对我们全家的生活是有很大影响的，目前还没有发现有什么不利影响，可以说曲江新区的建设让我和全家人生活更加丰富化、多样化。第一是有了休闲的地方，第二就是带来了丰富的购物环境。如果有亲戚朋友过来，带他们去逛这些地方，比如大雁塔南北广场、北广场的音乐喷泉，也很方便。有一年过年有亲戚从青海过来，还带着孩子，那几天特别冷，在哪儿转都不太合适。我们也挺伤脑筋的，要让小孩觉得好玩，还不能太冷，还要让他们在青海看不到。最后想了半天，我们就带他们去了曲江海洋馆，大人孩子都很满意。海洋馆在西北地区可能就这么一家，孩子们特别开心。

不过在这个变化过程里，我觉得也有让我失望的部分，最失望的就是曲江建立的观光轨道。因为我看到了从没有轨道到有轨道的建设过程，整个曲江因为它带来的全局的变化。轨道的建设让原来统一的、比较古典的建筑风格马上变得有些不伦不类。这种现代化的交通工具，对于曲江来说确实不太合适。有时候我们站在大雁塔广场或者遗址公园，觉得它把天际线都破坏了，很不好看。

现在这段时间它又不见动静了，好像快要建好了又停在那里，从来没有运营过，都一两年了，真是浪费钱。当时规划之前就有很多人提出质疑，网上也炒得沸沸扬扬，说是破坏景观，建好了之后发现确实是这样子。现在看来人民的智慧还是应该充分重视的，很多事情都并不只是几个人来决定就可以的。

曲江是西安的名片，曲江应该建设得更好。

采访手记

作为一个土生土长的西安人，赵先生经历了曲江新区从无到有、从荒凉到繁荣的蜕变历程,"可以说我见证了这个过程",由此看出,赵先生参与并融入了曲江的发展进程中。地方的发展离不开人的参与,主动的参与会使人对地方产生认同,强烈的认同感可以使个体把地方视为自身的延伸,一个地理空间才能凝结为地方。如果一个地方的形成缺少了人的参与,那它只能是一个一般意义上的空间,而非生活上的一部分。因此,人的参与是地方可持续发展的关键。"目前还没有发现有什么不利影响,可以说曲江新区的建设让我和全家人生活更加丰富化、多样化",可见曲江的开发无疑是成功的。

乡土认同是个体对自己有特殊意义的地方发生情感的交流与归属感,关怀地方的人事物,并愿意付出实际行动使地方进一步发展与进步的心理历程①。赵先生说:"大雁塔南北广场和大唐不夜城的修建,对于整个西安市民来说,都是个非常不错的景区建设,事实也确实如此",可以看出赵先生对曲江强烈的乡土认同感。居民对曲江的情感源于其对曲江地景的依附感,曲江的地景不仅"就在那里",它更多的是将生活在这里的人内化成"就是那里"的群体。而曲江生活环境的进一步改善,促使居民的生活中心向其转移,这种功能上的依赖无疑更加深了居民的乡土认同。

---

① 卓世宏:《国民中学一年级学生的乡土知觉与乡土认同——以台东县为例》,台东师范学院(台湾),1998。

我住在曲江的辐射地带

本文故事描述的翟女士，36 岁，住在陕西师范大学，采访在其家中进行，时间为 2013 年 10 月 18 日 15 点到 17 点之间。

我是个特别地道的西安人，家在长安韦曲那边。我在西安上的大学，毕业之后去南京工作了一年，收入什么的也还可以。但是我还是想回西安，我家在这儿，我觉得爸妈年龄大了身边也得有人照顾，而且我在南方也吃不习惯。正好那时候西安有这个工作机会，就回来了。

发现曲江

别看我在这边长大的，但以前我好像还真没来过曲江。最早听说寒窑、曲江池是因为我叔在西安电视台发射部门工作，他上班的地方就在寒窑，因为年龄小的缘故，当时就觉得曲江特别远。而且曲江那会儿周边都是农村、田地，根本就没什么了解的。

上班以后单位就在南郊这边。没结婚的时候我住在娘家，结婚后在明德门住了一段时间，我老公在高新上班，所以我们的活动范围都集中在南郊。逛街主要在小寨、军区附近，偶尔也会去钟楼。可能是因为生活范围就那么大吧，所以虽然我知道曲江在开发，但是基本没啥了解，也没听说过南湖。

后来有一年我们把孩子送回他奶奶家玩，晚饭过后，我和娃他爸想到附近去转一转，不知不觉就走到曲江这边来了。突然娃他爸说："咦？这有一条咱没走过的新路，要不过去看看？"于是我们就往那边走去，到了路那边发现一片灯火辉煌，我说："这干啥呢？这么多灯，去看看？"然后我们就把车停在路边来一看究竟，发现不仅有灯，而且还有一个很大的湖。我们下车去转了一圈，顺道听人家说这是曲江新建的一个公园，这个湖叫南湖。打那以后，我们陆陆续续带着家人都来南湖转，就连孩子的姨妈从南京回来，我们也会带着她去南湖。就感觉南湖、曲江好像变成了一个可以推荐给你的朋友或者从外面回来的人游览的一个景点。就这样，我对曲江由不知道到知道，由不了解到了解。

孩子的体验与表现

这几年我们经常带娃来曲江这边玩，也到这边来买东西。以前我都去小寨和钟楼逛街，现在大唐不夜城、银泰成了我的首选地。我个人感觉曲江这片变化挺大的，绿地多了，公园建得越来越漂亮了，大家户外活动也有地方了。现在看这个地方，让人感觉很舒服。

我带孩子来曲江主要就是逛南湖。南湖那儿有一大块草坪，每到春天、秋天，我们都会去那儿放风筝，草坪前方不远处还有一些小孩玩的活动器械。我们经常就是在那边玩一会儿，然后到水边捞鱼虾玩儿。吃饭的话就是在银泰、大唐不夜城那一片。

我家小孩叫皮皮，他特别喜欢到曲江这儿来玩。你看我手机桌面上的这个照片就是在南湖旁边的草坪上拍的，我换了几次手机但都没换这张照片。拍照的那天阳光特别好，我们带皮皮来草坪上玩。他起先让我们学他做各种姿势的怪跳，让我们都要从这边开始，先跳左脚然后扑到草地上，而后再跳右脚再扑到地上。怪跳到那边，还要我们一条腿跪地上，另外一只脚举起来，反正就是一些很奇怪的动作。跳了两遍之后他就说他累了，坐在地上休息，正好足球就在他身旁，他就把足球抱在怀里玩，我觉得他那个样子很可爱，就给他拍了些照片。中间休息的时候他又把足球抛开，自己懒洋洋地趴在地上。照那张照片的时候，他爸爸叫了一声："皮皮"，他忽然转过头来，一只手还扶在地上，我赶快抓拍，过后看这张照片非常好看，很自然，就保存了下来。我的电脑桌面、手机桌面现在放的都是他这张照片。

那次玩得很开心，他爸爸也像个大男孩儿一样特别爱玩。从草坪这边的路上有一个大斜坡，他爸爸看到有人从那儿抱着头骨碌骨碌滚下去，就说："我也上去滚吧！"在我百般劝阻无效的情况下，他带着皮皮，两个人都抱着脑袋从上面骨碌骨碌地滚下去了。皮皮一开始不敢，但是一看他爸爸都从最上面滚下去了，他也跟着就滚下来了。后来我问皮皮从上面滚下来是啥感觉，他想了半天说："滚很不安全。"把我逗得呀半天没缓过劲来。

一般情况下我们开车是从长安南路那边过来，就走长安南路前面那条雁南三路，一直走到竖有"曲江池遗址公园"大牌子的地方。晚上能清楚地看见霓虹灯打的那几个大字。那儿有个桥，我们就把车停在桥旁边，穿过那个桥就到那片大草坪了。

每次我们来南湖这儿，皮皮肯定是要喂鸭子的。他会带一些我勒令不让他吃的食物去喂鸭子，比如说旺旺仙贝或者饼干。他经常把饼干掰下来泡在水里面，鱼就过来吃了。皮皮每次见到鸭子都要给我讲讲他的体会，他说以前那里有个大黑鸭，它把别的鸭子都弄得很生气，大家都讨厌它，他自己也很讨厌那个大黑鸭。我问他咋知道别的鸭子生气了？他说因为他看见别的鸭子都是那种生气的表情，我觉得娃在这儿仔细观察挺好的。曲江有这点儿好处，能给娃们营造一个观察自然的环境，我家那边确实没有啥地方能让他这样。

我们每次喂鸭子都很快，不过有个习惯我们保持得很好，那就是纸，还有撕开的袋子什么的，我们都会拿一个小袋子全装起来，喂完鸭子后皮皮会自己把那些垃圾都扔到垃圾箱里去。我们一般喂完鸭子后就从那个桥下面穿过去到大草坪上玩。在他还小一点的时候，草坪那边还有旋转木马等小孩玩的东西，现在好像都没有了。不过他也大了，也不适合去玩那些东西了。

过年皮皮的姨妈来的时候，我们就带两个娃去曲江玩。还去逛了曲江的庙会，在庙会上给两个娃买了泥人，给皮皮买了个机器猫，给他的小妹妹买了个唐不理不(《花园宝宝》里面的一个人物)，他俩都挺喜欢的。小妹妹今年回来时把那个唐不理不的胳膊给弄掉了，但是皮皮的机器猫还好着呢，他保管得可精心了。

除了泥人，我们还在草坪上玩踢球、放风筝，皮皮跟他爸爸拉着跑。有时候也去爱儿玛玩儿，娃都挺喜欢的。你要问他爱儿玛有啥好玩的，他也说不上来，但是他经常说:“我已经好几天没去爱儿玛了。”你就能感觉到他是想去玩了。

我这人比较懒，一般都是他爸爸带着他来玩。我第一次单独带他来这儿是跟我同学一起，三个妈妈带着三个孩子到这儿来玩。第二次我单独带他出来就是今天了。基本上都是周末我们全家一起来玩儿，我很少单独带他。

老人们也喜欢曲江

家里的老人们也觉得这一片挺好的，前一阵我爸每天早上步行就来这边，走将近两个小时，到南湖转一圈，然后就回来了。他差不多六点出门，转回家大概就是八点多。我妈现在身体不好她来不了，以前基本上都是我们带着她来，春秋来的次数一般，周末来得多，夏天晚上有时间了就过来，站在湖边让娃跑一跑，我们乘乘凉，吹吹风。

带孩子基本都是开车来。老人他们自己有时候是走路过来的。皮皮他爷爷和奶奶都特别能走路，皮皮爷爷更厉害，他对这一块儿特别清楚，他告诉我哪儿有个水车，哪儿有个啥，他都搞得一清二楚。

有一年的母亲节，我们带着皮皮奶奶爷爷一起去了趟寒窑。但是我觉得不值当，因为它收费挺贵的，当时还说过节给打折，大人一个人 60 元还是 80 元，我都忘了，平时一张票 100 元。进去了之后其实里面也不大，就在南湖边上。就是划出来一片地，里面修了一下，还原了一下王宝钏当年的生活而已，里面有一些家居的场景，还有个博物馆，好像叫个爱情主题博物馆。当时我就觉得如果作为一个免费开放的景点的话还挺值得的，但是如果要花这么多钱进去，那就觉得有点儿不值当了。

大唐芙蓉园我们只去过一次，是我带皮皮去的。皮皮觉得大唐芙蓉园最好玩的就是水幕电影，好像演的是孙悟空，我也不太记得了。我们也确实不常去，因为它需要门票啊，很贵，一次得 100 元。至于家庭套票、年票这些，我还真不知道。可能也是因为我们去得少，不太了解那里面还有啥游乐设施，觉得无非就是一个湖，那我还不如到南湖那儿呢。

亲朋的欢聚

前几年，我们到大唐通易坊去得比较多，近几年去得少了。我原来比较喜欢长安路开的那个丝路餐厅，我们经常去那儿吃饭。后来丝路搬到通易坊，我们这些忠实的粉丝还追了几年。

现在我跟同事朋友们聚餐主要集中在银泰。长安南路也有很多吃饭的地方，但银泰是我们都比较喜欢的。主要有两点原因：一是这边的选择比较多，长安南路那边店与店都离得很远，只能说吃什么就必须去那家，而在这边儿我们就不用事先想好去吃什么，到了那儿两层楼都是吃的，想吃什么随时决定；第二个原因就是我们特别喜欢那个秦朝瓦罐，尤其是到了晚上，季节适合的时候我们会坐在露台上吃饭，背景就是那个开元广场，灯光非常漂亮。在那样的氛围里面吃着饭，很舒服，空气也非常好。秦朝瓦罐对于我来讲还比较特殊，我的婚宴就是在那儿办的，有十几年了，当时是在劳动南路那家店举办的。我过来吃饭的时候给这边的秦朝瓦罐老板讲过这个事情，老板听说后还送了我一个八八折的打折卡，打这以后我就更忠诚了，而且娃也喜欢，尤其喜欢那里面的蒜香鲈鱼。

对我而言，我感觉曲江的范围指的就是南湖附近辐射出来的这一片，包括曲江池和寒窑。但是现在一说曲江，好像都能延伸到法门寺那儿。要说大雁塔是不是曲江，我觉得不是，但也似乎应该是，觉得很含糊。我家长安路那儿肯定是不属于曲江的，不过我们有时候开玩笑还说，我们住在曲江的辐射地带。

我们长安南路那边跟曲江相比，生活环境上还是有一定差距的，曲江是有钱人的地方，生活质量要更高一点，最起码绿地公园比较多。长安路那边还是太密集，休闲场所太少。现在的经济条件也不可能允许买房子搬到曲江来。如果可以，那当然愿意了，我们曾经不止一次地憧憬过中个 500 万到这儿来买个小别墅。曾经从那儿经过的时候，我说我估计这辈子也住不上人家这房子了，然后皮皮他爸说："我明白了，我今天回去就加大买彩票的力度。"不过因为交通方便，所以曲江对我们的生活还是有很大影响的。

采访手记

从偶然的发现，到生活中心的转移，曲江的开发建设，不仅成为西安的一张名片，更是丰富了当地居民的生活和选择，让他们引以为傲地"住在曲江的辐射地带"。

以往谈及地方感时，其形成往往来自于历史记忆，比如景观、特定的纪念物、共同的历史事件等[①]，而从曲江新区的形成发展过程中可以发现，外围环境的变化能让人产生一种新的地方感，即在西安的城镇化过程中，曲江新区不仅承接了"老"的地方感，更重要的是创造了一种新的地方感，创造了一个新的凝聚记忆与认同的地方。对于一个地道的西安人而言，曲江"悄无声息"地开发了，而偶然的发现，让其开始了解曲江，最终曲江不仅成为孩子的天堂、父母的散步之所、亲朋的欢聚之处，更是家庭生活吃、购、娱的中心地。"曲江对我们生活还是有很大影响的"，在不断的熟悉过程中，对曲江的依赖和认同也随之产生。

地方认同的形成并不是虚无缥缈的，而是来自于个体与地方之间实实在在的互动，借由经验、记忆和意象发展出对地方的深刻依附。曲江优美的人居环境，完善的基础设施，无不吸引着一颗颗跃跃欲试的心，在人们与曲江频繁的互动过程中，将自己依附于地方之上，更进一步将曲江视为温馨幸福的生活港湾，将自己归属于曲江，新的地方感随之而生。

---

① Tuan Y. F., *Space and Place: The Perspective of Experience*. University of Minnesota Press, Minneapolis, MN. 1977.

我对曲江有很多想法

本文故事描述的刘女士，59岁，是一名退休医生，住在长安南路麦德龙超市旁某小区，采访地点在电视塔转盘街心花园内，时间为2013年7月30日8点到10点之间。

我今年59岁，这个月才刚刚退休，我是个搞医的。我家就在长安南路上，在这儿都住了六七年了。可能是职业的原因，我比较爱锻炼，也爱督促家人锻炼，所以我们家人经常去曲江那一片逛，每逢亲戚朋友过来那边也是必去的。像近几年才修好的大雁塔南北广场、大唐芙蓉园、曲江池遗址公园、城墙遗址公园都不错，绿化做得特别好，花草树木随处可见，还有很多健身器材，对于市民来讲有个消暑的地方。我这边差远了，绿地少。

曲江的环境比我们这儿好多了

你看我们这儿可怜不？我们都在电视塔下面这片儿林子里锻炼。这地方倒是也挺大的，可是不管是住长安路东边的还是西边的，要到这儿来锻炼必须得过马路，马路上的车还跑得很快，锻炼个身体还这么危险。再说，这两边毕竟都是马路，你说这里有没有汽车尾气？肯定有嘛。所以我就常去曲江那边。

我从医四十多年，有点职业倦怠，不想再干那行了。现在才是享受生活的时候了。我身体还是有点小毛病，要经常锻炼，多参加一些聚会，所以我周末就经常去曲江玩。一般跟朋友去是坐公交车，跟家人去开车多。我们去那边就是去玩，享受下国家给建的城市公园，那也是一种福利。我们一般是即兴的，有朋友聚会就去，大家聚到一起唱唱歌、吃一顿，或者花开的时候，比如说这两天荷花开了，就准备去。我们聚会吃饭有时候在望江楼吃，有时候大家都带点，凑在一起，在那里吃，主要是玩。那边环境好一些，主要是还没有费用。还有一个原因是会所场馆是室内的、密闭的，空气不好，我们更崇尚自然，尤其是我们搞医的人，更喜欢户外的环境。

曲江改变了西安的城市面貌

我出差和旅游的时候，去过很多南方城市。那个时候就觉得西安气候真不行，就是脏，风一吹满天都是土。人家南方有水，到处都是绿色，这个我们西部很难比。不过后来曲江建起来之后我觉得还是挺不错的，搞得很漂亮，也不再到处都是灰色那种感觉。我爱人开玩笑说，看看这儿让人能联想到以前“八水绕长安”的景象。一个城市没有水就没有灵气，为什么现在到了节假日曲江人那么多？因为环境好啊。现在的曲江，跟南方那些城市也差不多。可以这么说，曲江改变了西安的城市面貌。不是有种说法：曲江是西安的一张名片。我觉得说得对，而且还是个挺不错的名片呢。

大唐芙蓉园刚建好不久，我们一家就过去玩了，当时正赶上重阳节。到了景区外，我就觉得很壮观，那种仿古的建筑都非常漂亮。我爱人总是说新建的东西一点都没有古代的味道，这个我倒不同意。我觉得要是不新建，这边其实什么也看不到，就是还原嘛，还原古代那种味道。我印象最深的是那个瀑布，那水是“扑”过来的，水雾飘在空气中给人感觉很舒服。

不过现在曲江周围的楼越盖越多，有点儿把环境给破坏了的感觉。像寒窑那块儿，本来自然环境挺好的，现在盖的都是楼，圈成一个圈，就像一个盆景了。说句不好听的话，就像个堰塞湖搁在那里，环境就有点不自然了。

曲江是我家教育孙子的基地

去曲江经常都是我儿子开车带我们一起去。我儿子喜欢照相，他就经常去曲江那边，没事拍很多景色，非常漂亮，有时候还参加个摄影比赛啥的。我们在那儿也照了好多，特别是带娃去的时候。

我孙子现在上一年级了，调皮得很，我们经常带着他去曲江那边玩，那边有许多供小孩玩的地方，比如滑梯、秋千等，每次他都玩得很开心。有一段时间他迷上了篮球，有一次从遗址公园出来之后，他看到附近一个篮球场上很多人在打球，就让我带他过去看。看完之后他也要玩，回来之后我去给他买了个篮球。小家伙每天在家里拍来拍去，东西都不知道被他打碎了多少。

孙子现在慢慢长大了，我觉得要培养他看书学习的能力，所以隔三岔五带他去小寨的汉唐书城看书。现在时代变了，家长要让孩子对学习感兴趣，像他这个年纪，兴趣是最重要的。我儿子小的时候我们都很忙，那时候也没个假期，孩子都没时间管。现在退休了有时间了，就得好好管孙子。不过男孩子就是好动，有时候也没办法，什么太空的、打仗的，他喜欢看，历史的、文化的就一点都不爱看了。可他爷爷跟我都觉得这必须得看，作为一个在西安长大的娃对历史必须要有了解啊，所以在娃历史文化知识的培养方面我们都还挺费脑筋的。

后来我就想了个办法。我们带着他到曲江逛，每次都把战线拉长，除了去篮球场、游乐场玩之外，还带他去看大雁塔，去曲江的很多景区，给他讲讲这里的历史和文化。这方面他爷爷懂得比我多，我负责拿东西，他负责讲历史，还讲得挺有意思，也没个主题，见啥讲啥。好在曲江这儿都是以唐朝文化为主题的，故事、人物啊都还有联系，唐朝又确实有好多东西可以讲，他爷爷还能应付。

那次我们两个带着孙子去大雁塔，就看附近每一个灯柱上的古诗，顺便给他讲了很多故事。有一次他爷爷说到雁塔题名的事情，娃就说："爷爷，我要是考得好，能不能把名字刻在大雁塔上面啊？"引得我俩一阵大笑。不过现在孩子的教育也实在是好，除了学校条件好，家长也关心。课余还带他去学钢琴，学画画，怎么说一代比一代强呢，我们这一代算是退休了，下面要看他们的了。

因为每次去了能玩，而且见着雕塑什么的再顺便讲点儿有关的知识，孩子听着也比较生动，能听得进去，所以效果还挺好。南广场往南那一路雕塑特多，有一排都是什么唐朝的书法家、画家、诗人，有个别的连他爷爷都被问住了，回答不上来，我们就回来查资料。曲江都成了我们家的教育基地了。这几年下来，感觉我和他爷爷也学了不少知识。

大雁塔周边建得真不错，有些诗词歌赋，也有些雕刻、戏曲广场，还有雕刻的关中八大怪。我觉得我们不是去玩，是去欣赏那儿的文化，看

看诗词歌赋，有时候联想一下，有时候还真的在那里凝思一会儿，还是有点韵味的。

最近家里在考虑换房子的问题，我儿子还是主张在曲江买。年轻人嘛，觉得曲江的绿化、公共设施、小区管理都好，儿子和媳妇希望在曲江买套大点的房子。孙子自然是愿意搬过去，那边玩的地方多。

不过我们不想搬，不准备在那里买。房够住就行，不需要把钱都花在那里，还要考虑养老，不去和人比较。再说，曲江就是住的地方好，但是其他方面不方便，像我们这边，又有医院，又有超市，买东西方便。我朋友住在那里，每次都开着车到这儿来买东西。但是我觉得一次买一周的东西，不新鲜。人嘛，不能和别人攀比，只要自己过得好就行。咱长安路虽然车多，车流量大，但还是比较顺畅的。作为南北的交通干线，坐车也比较方便。曲江那边坐车比较难，而且买吃的也不方便。

我希望我家这儿能归曲江管

我家在麦德龙旁边，长安路的西边。我们这片大部分都归曲江，雁塔区分了好大一块，像会展中心都归他们管。我住的这片还属于长延堡派出所，所以不是曲江的。我倒希望曲江再往这里扩一扩，那是最好的。

如果我家这儿能归曲江管，我希望绿地多一些，多建几个小公园，让大家有个休闲的地方。我们小区底下都是饭店，烟熏火燎的，增加 PM2.5 浓度，也没有人管。我最讨厌就是烤肉、摆地摊这种，应该把这些都取缔了。你可以弄几个饭店，干干净净，大家去那里吃得放心，另外环境也好。

另外一个，如果这儿能归曲江管，我认为曲江会管理好。现在我们这里管理不到位，因为小区是过去城中村拆迁的，相对来讲不好管理，环境也不好，大家都为了挣钱，不顾环境了。所以，我还是希望他们把绿地多搞一些，弄些小公园，弄些健身的地方，对大家来讲也挺好的。人家曲江唐城墙遗址公园几步就是一个健身器材，小孩玩的地方也有，大人玩的地方也有，我希望把雁塔区都归曲江管理了，我觉得好得很。

曲江是西安市的牌子，挺亮的，发展应该会更好一些。你看西安市发展规划，要吸引外地人到西安来。除了南门、兵马俑，曲江也算是一个景点，我觉得曲江还可以再发展大一些，把这里也包括进去。虽然我们不一定享受到，但是有这个希望，扩展到这里大家都有好处。

我原来在碑林区住，碑林区现在发展空间很小，人就被拘在那里，钟楼很快就会被淘汰，因为啥呢，它就是一个钟鼓楼在那儿，其实它周围的建设真的不如曲江。北郊、南郊的居住环境相对来讲要比东郊和西郊好，西郊也在建。我还是钟情于南郊，南郊本来就有人文历史，像大学城和很多大专院校都在这里，西安的大专院校在全国都是数得上的，本身也是一块牌子，所以把这边建得好些，给西安创一块牌子。这样我们的生活品质能提升一些。

我希望曲江管理这里，把西安的文化底蕴、唐朝的历史文化好好发掘一下，因为按理说西安是十三朝古都，十三个王朝都在这里建都，这是很了不起的。只不过现在西安变成二线城市，太可惜了，它应该是一线城市。老百姓都希望能把老祖宗的东西继承下来，原来西安和北京都差不多，老西安人都记得，建都的时候西安和北京就差一票①，但是人家北京发展多快，都发展到“七八环”了。

曲江把咱的历史展现出来了

我觉得咱们要充分把咱悠久的文化历史展现出来。你看曲江有些文化墙，有些诗词歌赋，有时候看看陶冶一下情操。我小时候也挺喜欢诗词歌赋的，有些想不起来了就看看，过去的感悟和现在的感悟不一样。我觉

① 注：西安民间有这一说法。

得曲江应该把历史文化挖掘出来，显示一下西安的优势，你不显示，别人怎么会知道你有悠久历史？我前段时间到国外，去法国、意大利、德国、瑞士，人家（外国人）就说："我们有几千年的历史都展现出来了，你们几千年的历史，都展现在哪儿了？"人家就这么问呢，你们那些东西都被拆了，阿房宫被烧了，圆明园被毁了，你们展现不出来你们的历史。人家埃及金字塔建在那儿，它能够佐证埃及的历史，你们没有东西佐证。外国人就是这样，他要看到那个东西，他才会相信。咱需要把咱的历史展现出来，让人家看得心服口服。现在兵马俑为啥被评为世界八大奇迹，我昨天看电视，是全国唯一上榜的，就说明它这个历史是被人信服了。我去过北京的长城，都是残墙断壁的，年久失修了，再加上游客多、保护少，被刻得乱七八糟的，我觉得还没有西安城墙好呢。

我们到国外去，去卢浮宫，去凡尔赛宫，不管它的宝物是掠夺来的还是怎么来的，但是人家就展示出来了，它就写的这个宝物是哪个地方的。像维纳斯雕像、蒙娜丽莎画像，外国人就是那样，我想个啥我就把它雕刻出来，我想个啥我就把它画出来，不管是否赤裸裸，心里怎么想的我就把它表现出来，人家就是给你一种很自由的感觉。就是毫不掩饰，我想什么就说什么、就做什么，我觉得挺好的。我们那一代接受的文化是比较传统的、比较压抑的，国家说啥是啥，不敢越雷池一步。我出去了就知道不是这样的，资本主义有资本主义的特点，社会主义有社会主义的好处，中西文化合璧能摸索出来一条道路。正如习近平总书记讲的，中国道路怎么走，你就应该借鉴，而不是单一地强调中国怎么好，其实不是这样的，国外也有好的东西，好的文化。

所以我为啥愿意带孙子去曲江呢？因为在曲江看唐朝文化，它就不是抽象的。有诗在那儿刻着，有雕塑在那儿站着。文化通过有形的东西展现出来，娃就容易理解。要不只剩下个遗址，让人在那儿站着想，那怎能想得出来？

现在我的时间多了，所以很关注旅游的信息。西安这几年变化最大的就属曲江了，以前游客来到西安哪里知道什么曲江啊，现在曲江的景区已经在国内很有名了。商业街、风情街、年轻人喜欢的酒吧一条街等，我看这几年曲江都搞了起来。更让我欣慰的是，曲江的景区发展很好，西安古老的文化，在这里得到了很好的保护和传承。去年在电视上看到中央电视台播放大唐芙蓉园的灯会报道等等，想着全国都能看到我们西安，心里就很骄傲。

采访手记

美好生活源于和谐的人居环境，无论生活在世界哪个角落，人们对和谐、美好自然环境的向往之心从未改变。放眼世界，曲江的人居环境建设毋庸置疑，曲江改变了西安的城市面貌，无论是在精神层面还是物质层面，曲江都是一个增长极、一个制高点。优美的自然环境，厚重的文化底蕴，无不深深地吸引着居住者对曲江的向往和认同。就认同的四种程度而言认知的（cognitive）、情感的（affective）、知觉的（perceptual）以及行为的（behavioral）[①]，作为外部群体（outsider）的刘医生对曲江的认同已经超越认知、情感与知觉，而上升至行为层面。“我们家经常去曲江那一片逛，遇到亲戚朋友过来那边是必去的”，这些行为折射出的不仅是对曲江生活的喜欢与渴望，更是一种强烈的地方认同感。地方认同不仅体现了个人或群体对环境的熟悉感[②]，更能给予人情感满足及促使其产生情感偏好[③]。

---

① 黄钰婷：《地方文化产业发展与地方认同——以台南县新化镇为例》，台南大学（台湾），2007。

② Rowles G. D. Place and Personal Identity in Old Age: Observations from Appalachia. *Journal of Environmental Psychology*, 1983,(3).

③ Proshansky H. The City and Self-identity. *Environment and Behavior*, 1978,(10).

而显然，地方认同不仅仅是内部群体的专属，外部群体经由切身经验、事件、记忆同样可以产生地方认同。

与前面的翟老师一样，刘医生在访谈中也重点强调了曲江赋予她的家人的教育功能。“曲江是我家教育孙子的基地”，曲江的厚重的历史与文化，不仅是一种简单的展示，更是对华夏历史、对文化的继承与延续。由此可见，地方文化产业发展不仅具有经济价值，能带动地方社区设施发展、实质环境及基础设施建设，使居民透过环境和景观之体验，得到美学的启迪，更能强化地方居民的认同意识、归属感与光荣感，进而回馈地方，引发维护环境品质之认同感，并愿意传承后代文化知识。

隐　忧

快速发展的房地产行业

本文故事描述的杨先生，31 岁，供职于曲江某地产公司，采访地点在地产公司会议室内，时间为 2013 年 7 月 22 日 8 点到 10 点之间。

我在曲江地产领域干了快八年了。从刚开始带着客户一家一家地看房，到现在主抓销售管理；从当初四处跑销售的小弟，到销售小组主管并分管一整块区域；我用自己的积蓄和银行贷款买了一套当初梦想的房子，应该还算是不错。

我想有座大房子

其实当初选择卖房子这个职业，和小时候一个梦想有很大关系。从我记事儿起，家的概念对我来说就是北郊那个小平房，大概只有三四十平方米，里面住着爸妈、姐姐和我。家里虽然不宽裕，但那个“小窝”对于我来说，却让我始终无法忘怀。记得初中语文老师出过一个作文题目，叫“我的梦想”，这个题目想必所有的人都写过。我当时写的梦想很简单，而且到现在我都记得很清楚，其中有一句是“我想有一座大房子，有明亮的窗户和一个可以放雪糕的冰箱”，老师在课堂上把我写的作文当作范文朗读，当时觉得很丢脸，仿佛自己心底的小秘密被公之于众了，放学之后大家背地里说我是一个“河南蛋”[①]，一辈子只能住在郊区的平房。那真的是我第一个梦想，这个梦想是我发自内心的，我想要去实现它，就是赚很多很多钱，想有个大房子住，想得到别人的认可。

“发配”曲江

大学毕业后，我毅然决然地选择了房地产销售这个行业。当时就想，去哪儿卖房子呢，高新？长安？北郊？后来才明白根本就不用考虑这些，只要找个正规的、大型的房地产公司，去哪儿根本不重要。去上班的第一天我就被领导找去谈话了，当时我的那个心啊，像是小鹿乱撞怦怦怦的，怎么刚到就被领导“召见”。后来才知道我被“发配到边疆了”——去曲江工作。当时的曲江还属于开发初期，可能是未来预期的远景比较好，所以上面决定成立一个曲江分公司。但是当时曲江路没修好、公交也没有、租房子吃饭都不方便，公司的老员工没人愿意去，我们这些新进的就被“抓了壮丁”。当时也没想那么多，年轻人吃点苦本来就不算什么，再加上刚进来的，哪有资格讨价还价，拎着包就去“开荒了”。还记得第一次来到曲江售楼处，身后刚刚竣工的楼房感觉就像待嫁的闺女，心里想，如果自己将来能买一套房，绝不在曲江，这前不着村后不着店的鬼地方，路灯没有、草坪没有、超市没有，快成“三无”产品了。但是没办法，自己不看好还是要想办法卖，这和销售任务直接挂钩啊。哪曾想到，自己现在住的就是曲江的房子，曲江也成了西安环境最好的地方。

起初每天从早到晚，带着形形色色的客户从这个小区跑到那个小区，一天之中除了吃饭、喝水、睡觉，就是在看房子和去看房子的路上。曲江那

---

① 被访谈者是一个地地道道的西安人，生在西安、长在西安，但祖籍是河南。1938 年河南黄河决口，1942 年河南闹饥荒，很多河南人逃荒到陕西，这些人被陕西人调侃为“河南蛋”，“蛋”是“担子”的谐音，形容逃荒时河南人用“担子”挑着家人和东西的样子。

时候的公交系统基本为零，而且看房子的小区之间距离又远，没公交，打车又不报销，自己只能骑自行车赶时间，很多时候刚从小区出来送走一个客户，就接到电话要求到另一个小区继续带人看房子。很多客户都是抽中午或者晚上休息时间来看房的，很多时候吃饭都顾不上。也就是因为那时候不按时吃饭，才得了胃病。去医院看病，医生问我，“有医保没”，瞬间感觉特别失落，公司哪有什么医保？很多人做几单生意就拍屁股走人了。

记得有一次在看房子的路上，自行车突然爆胎，而这个客户又很重要，关系到这个月的销售任务，我只能把车子停下，打出租车往那儿赶。但最终还是晚了5分钟，也正是这5分钟，让我那个月的销售任务彻底泡汤。祸不单行，等我回去取自行车的时候，自行车又丢了，当时才想起，因为走得太匆忙，自行车没上锁。回到公司，领导自然是一顿劈头盖脸的批评教育，当时真的想一走了之，每天那么累那么苦还没人理解，很郁闷。现在想想，都过去了。也许真的是命好，来到曲江卖房子后，曲江开始进入快速发展阶段，政府的大规模投资，让人感觉原来一片荒凉的地方几个月便被栽满了树，商铺开始聚集，基础配套设施不断地增加，像大唐芙蓉园、南湖都被修成了景区，游客全往这儿跑。那一阵子曲江在西安被炒得火热，所有的人都知道曲江环境是西安最好的，曲江将是西安旅游发展的重头戏。我们这些小职员呢，当然也受益了，只要本本分分带着客户转上几圈，单子便敲定了。最火爆的时候，我们销售人员被客户抢着带去看房子，也正是经过了那个好时候，我在公司慢慢地站住了脚跟，稳定了下来。

终于有了属于自己的房子

那几年因为拼命工作，攒出了买房子的首付款，思量再三决定采取就近原则，就买在曲江。那天我跟着售楼小姐来到我留意了很久的那套房子，

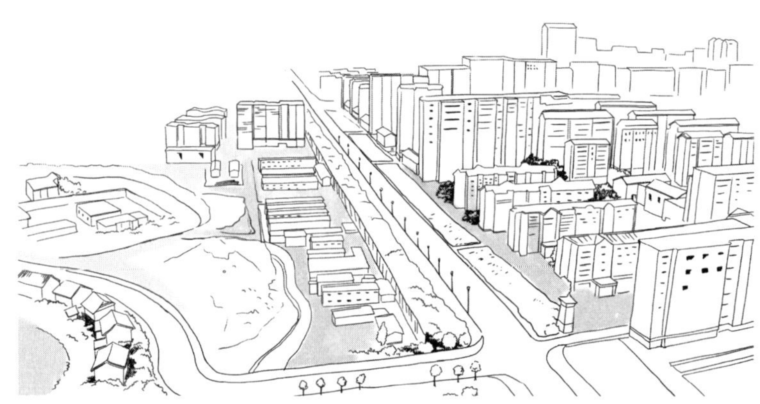

她很专业，把房子所有的优点都夸大描述，缺点却能毫无痕迹地一笔带过。我从她身上看到了曾经的自己。最初的那个梦想终于就在眼前了，房子有着明亮的大窗户，小区绿化也很好。我打电话给爸妈，希望买了以后他们可以搬过来一起住，但是他们却拒绝了，说那边有自己的老朋友，环境也熟悉，我也没有强求。去交房款领钥匙的时候，心情很激动，拿着钥匙，对自己说"这就是你的梦想"。住进了自己的新房子，很多同事都很羡慕，自己也美滋滋的，但日子久了，总是自己一个人在那么大的房子，感觉总是空空的。那时候我有些疑惑，一套房子真的就是我的梦想吗？但回头也想，无论如何，这钥匙总是真的，至少我有了一套房子，一套很多人都想拥有的奢侈品吧。

一个人的日子实在是太孤单了，我开始考虑自己的终身大事。朋友和同事也都积极给我介绍，于是相亲被提上了日程，这也让我见识了"现实版女性"的可怕。第一次相亲的经历让人啼笑皆非，对方是一个年龄和我差不多的公务员，人家第一句话就问："你是干什么的？"我老实交代："我在曲江卖房子。"接着她说："哦，那工资应该不少吧，不过平时应该挺忙的，如果咱俩结婚我是不会做家务的。"我心想："你还真是想的长远。"接下来就是："你房子多大？家里有没有老人？将来打算自己开公司么？生完孩子打算移民么？"那次恐怖的经历让我一直记忆犹新，也直接冻结了我的激情。后来，在同事的怂恿下，我又去相亲几次，最终还是没办法接受这种形式，感觉两个人在做交易，就好像我卖房子一样，把房子的每个细节都告诉别人，而别人还在讨价还价。可怕的婚姻沟通方式。最后还是决定顺其自然，感情的事不是交易，任由天定吧！虽然相亲最终没什么结果，但也让我枯燥的生活多了一些戏剧性的变化。

工作每天从早忙到晚，要抓员工纪律，也要抓业绩，虽然像当初跑东跑西，但依然是挤不出空闲和家人在一起，直到有一天接到姐姐突然打来的电话，“爸爸走了，妈在医院昏迷”，姐姐说道。忘了自己当时是怎么到的医院，看到病床上妈妈憔悴的样子，我和我姐抱头痛哭。姐姐对我说：“姐知道你在外面辛苦，但是以后多回来陪陪咱妈。”那一刻突然产生了无限的悔恨和遗憾。时光流逝，该面对的都要面对，但夜深人静的时候，心里的遗憾却总是在隐隐作痛。父亲走了之后，我把母亲接到曲江，和我一起住，又替姐姐在附近换了一套房子，希望能弥补我对家人的亏欠，但我知道，对父亲而言，我再无弥补的机会。

日子就这样日复一日，每当我走在小区里的时候，眼望四周高楼林立、远处轰轰作响的建筑工地，我觉得自己已经习惯了曲江这个高速运转的大机器。

小蔺离开了

总之，在这里工作的时间越长，越感觉自己变得麻木，缺少对生活和工作的热情，习惯的东西也越来越多。

工作时间长了，我也变成了公司的元老，升职成销售小组主管，手底下也有了两三个小职员，自己也不用到处跑了。手下这几个人，只要他们任何一个人做成一单，我都可以抽取提成。有时看着手下人每天累死累活的，我会告诉他们我当初是如何拼命的，只要努力一定前程似锦。每当面对他们炙热的眼神，我总会心里发虚，感觉自己像是个地主，或许他们中某个人下个月就会因业务垫底而被淘汰。不是每个人都适合从事房地产销售行业，也并不是你会卖房子就一定能留下来。

记忆最深刻的是小蔺，每次我看到他，就像看到当年的自己，阳光积极，为了能够在这里安身立命，认真地对待每一个客户，可就是因为一个小小的失误，导致“客户”的不满，而更不巧的是，这个所谓的“客户”是集团公司安排下来进行工作质量暗访的督察员。虽然我一再争取，但小蔺最终还是被辞退了。小蔺走后，有一段时间我很厌烦自己的工作，感觉是否定了自己，也不知道自己工作和人生的目的是什么，就这么日复一日的。后来公司决定派我和几个同事去深圳培训，我便逃出了曲江，那也是我在曲江卖房子之后，第一次远离曲江，远离每天枯燥的销售工作。在深圳那阵子过得很是惬意，有点“公款吃喝”的感觉。每天轮流在不同的房地产公司开交流会，之后会被带到各个部门进行沟通和交流学习，了解到了很多最新的房地产管理模式，认识了很多更为优秀的人才，了解到了更为先进的销售理念，触动挺大。回来之后，我就有一种迫不及待地尝试的心理，想要把自己看到的、学到的东西运用到自己的工作当中。其中，我着力尝试的就是提高员工对企业的归属感。因为房地产销售员的流动率非常高，员工总是不断地跳槽，浮躁的工作给日常工作的开展和管理带来很多麻烦。当时想借鉴深圳的一些成熟案例，通过员工待遇的提升、企业文化的培训、员工职业生涯规划等几个方面来提升员工对公司的自豪感、归属感和幸福感。但当我把这个想法通过文案向上级汇报之后，就没消息了。问了多次，领导总是以“做好自己的本职工作”“多想一想怎么提高业绩”“那不是你该考虑的”等借口来应付我，这让我又回到了原来那种按部就班的工作节奏之中。偶尔想起那次深圳之旅，我只能淡淡地苦笑。

从深圳回来不久，曲江房价迎来了涨价的第二春，房价每天都在上涨，每平方米8000元、9000元、10000元……这些不断上涨的数字，确确实实影响了公司每个人的口袋，那段时间公司里总能听见笑声，有人说“再涨一点吧，再涨一点我就买得起北郊的房子了”，接着便会有同事调侃，“上班那么远，是不是还要把车钱也攒出来啊”。曲江的房价相对于其他地方确实是要高一些，对那些想要买房买车、成家立业的小职员来说，可望而不可即。日子还在这样一天一天过，每天眼睁睁地看着曲江新区一个又一个新的工地开工，伴随着的，是工地旁边树木和道路上积攒的一层层尘土。

当初的梦想在曲江已经实现了，可是却发现自己的内心很茫然，为什么自己没有感觉到那么快乐，手底下的员工换了一批又一批，银行卡里的数字在不断增加，我的幸福指数却好像还是停留在原地。尽管内心深处会有这样那样的疑惑，但时间的齿轮却不曾停止，在曲江这个高速运转的机器里，想停下来，没那么容易。

采访手记

房子是“家”的物化象征，是心灵的归属之地，也是只身打拼的年轻人的一个梦想，为了这个梦想，为了一个渴望被认同的物质与身份象征，“他们”更是甘于忍受艰辛、为之拼搏。八年的圆梦之旅，着实取得了令人艳羡的成绩——拥有了属于自己的房子，而且，是在曲江！然而，表面的光鲜，却无法掩饰内心的茫然，梦想的实现，幸福指数却停留在原地。这是快速逐梦背后对现实的迷茫，是未及对亲人尽孝后的遗憾。

“改变”作为曲江不变的主题，不会为个别人而停止，想与之同步的人，必然要改变自己。很显然，作为一个不断变化的“空间”，曲江总以其具体的“物化形式”和“物化节奏”使人置身其中，但如果这种“具体形式”反向赋予或增加“空间”的涵义和价值，原始混沌的空间将必然保持混沌的状态，而难以形成意义不同的“地方”。文中主人公是诸多在曲江打拼年轻人的缩影，其最后愧对亲人的“遗憾”是“融入曲江”的“无奈”，期望“年轻拼搏在曲江”不会成为曲江这一“地方”约定俗成的负面文化与社会期待。

留不住的年轻人

本文故事描述的李先生，40岁，曲江某景区经理，采访地点在该景区内，时间为2013年10月25日10点到12点之间。

从毕业那年我就在曲江的景区工作。那是2005年夏天，景区刚开始营业没几个月。现在算起来我已经算是景区最老的一代人，看着景区一点点地成长，一点点地完善。这其中我经历了很多的风风雨雨，也见证了曲江旅游的发展和崛起，可以说景区的每一个角落都融入了许多像我这样的曲江人的心血。这是很难割舍的，它已经融入了我生活的每一个部分。从无到有，从有到精，曲江翻天覆地的变化不仅改变了曲江本身，也改变了我们这一代人。也正因为如此，我和我的同事们都无比地热爱这里，无法淡忘那些加班、争吵和获得荣誉的日子。

心中的落寞

八年了，作为景区的“元老”，我从默默无闻的一线员工逐步走上了管理岗位，正因为认识到自己身份的变化，所以心里不断告诫自己，要从更高、更宽的角度去审视现在工作的这个景区。这个时候，我们需要的已经不再是当年拼命的干劲，更要有一种“守江山”的冷静。

记得那天领导老王跟我说："老李，上面正式任命你为部门经理了，过几天红头文件就下来了，你赶紧准备准备，把部门带好，多搞些成绩出来。"前些日子老王就跟我透露过这个消息，本想一切都理所当然，自己也能泰然处之，但听到这个消息的时候还是抑制不住内心的激动。回到部门，大家一番嬉笑打闹，有人说"李哥必须请客吃饭"，还有人说"什么李哥，叫李总"。当天晚上我们聚集在一起，找了个饭馆庆祝了一番，在酒桌上看着这些年轻人肆意地玩笑，心里却生出很多的寂寞。回想起当初一起奋斗的朋友，留下的只剩下我和老肖。我知道过了这个年，眼前这些我带过的毛头小子和姑娘们又至少会有一半走人。我从来不怪他们，相反，我自己会深深自责。高速发展的社会，他们面临着买房、结婚、生孩子等一系列压力，就公司这点钱也仅够他们日常的吃穿用度，而想在旅游景区走上管理岗位，却至少需要四五年，甚至更长的时间，他们等不起。

我们引以为豪的"曲江模式"，说白了就是一种国有资产的企业化运营，是以国企的运营机制去追求经营上的市场效应，既没有国企的优厚待遇，又缺乏私企的灵活机制。有一次小聂对我说："李哥，我出去说我的工资给别人听，他们都不信，外边的人都说我们曲江富得流油。"我苦笑了一下说："咱们景区门票就100多，你们每天可是免费进进出出N多次，这算下来你可真是很富了。"虽然是调侃，但我能感受到这帮80后、90后酸涩的心理。作为他们的直接领导，我却无法改变什么。留不住人，怎么办，很简单的方法就是招人，往往新来的年轻人刚刚熟悉业务没多久，就跳槽，以至于大家逐渐开始变得麻木。因为尽管如此，公司还是可以正常运行，但是我内心的担忧却是一天重过一天。

年轻人的需求

我一直在思考，为什么当年我们工资也不高，可是我们却能坚持过来。想着当年一帮朋友挑灯夜战，加班到半夜也毫无怨言；每个人对于景区的建设都是知无不言，言无不尽，到底是什么改变了呢？直到有一件事触动了我。

那天天气很好，我提议大家去景区里面的餐馆吃小吃，走在景区整洁的道路上大家有说有笑，突然我发现地上有一个很显眼的垃圾袋。我相信所有人都看到了，但是大家都只是自觉地绕了过去，我停下慢慢捡起它并扔进了垃圾箱。我问大家："为什么没人去捡？"有人说"我们又不是专门捡垃圾的，等会儿清洁工自然会收拾的"，还有人笑着说"下次我一定捡"。就是那时候我开始明白，他们这一代年轻人和我们比究竟哪里不一样，那就是缺乏对景区的自豪感、归属感。从我自己来说，我见证了这个景区从零开始的一切，包括5A级景区等等一大批重要的荣誉，并且亲身经历了那些来之不易的成绩背后所付出的汗水和艰辛，而他们没有。他们走在如此美丽的景区，更多地在想今天晚上吃点什么，看个什么电影，和谁去约会。那个中午饭吃得很没滋味。

那天下午我召集了部门所有人，开了一次座谈会，想尽自己的能力去改变一些。我给他们讲述了当年申请5A级景区的时候，景区所有的员工在道路上捡刚掉下来的树叶，在厕所清洁卫生，每天早上集体背诵5A体系的工作标准，等等。然而他们每个人只是在短暂的惊诧之后，便一切回复自然，我知道我的计划破产了。但是我依然希望能和他们聊聊，能够畅所欲言地说说自己内心真实的想法。快要结婚的小孟说道："李哥，你们当年是你们当年，现在时代不一样了，我每天被女朋友催着买房，却连首付都还不够，就算有了首付，每个月把工资交给银行，我就只能吃我女朋友的工资了。"又有人说："是啊，现在生活的压力真的太大，曲江旅游业的快速发展就好比中国改革开放这几十年取得的巨大成绩，然而面对时代、经济、社会、文化环境的巨变，我们还有很多问题需要解决，而且刻不容缓，曲江体系也必然存在很多问题。"这些话着实把我惊住了。这还是那些在我眼里每天只是被动完成工作任务的孩子们么，他们内心有很多真实且有建设性的想法，他们缺乏一个有活力的体制，甚至缺乏一个有远见的领导者。那一刻我是很愧疚的，因为我知道景区现在的中层管理者其实能力不是有多么的出众，更多的是在这里工作的年限很长，比如我自己。

后来就这个问题，我和我的老领导王总进行了一番深入的交流。我是老王带着一点点干出来的，他了解我，我自然也知道他的脾气。我跟他坦言："现在的年轻人需要历练机会，但是咱们景区却没有这样的机会，很多时候在做重复的工作，我能感觉到他们在学习的不是工作的才能，而只是被动地适应我们的工作体制。"那次是老王和我聊的时间最久的一次，我知道他也看出了我内心的很多困惑，他语重心长地对我说："老李，你说的我明白，景区如今的发展已不是当初急速扩张的时候，而是为当初急速扩张时遗留下的问题在填补漏缺，这些填补的过程需要有谨慎且负责的态度，所以现在我们景区需要一个渐进充实的过程，慢慢地查缺补漏，这个过程是急不得的。而且越往上顾虑也就越多，情况比你想的还要复杂很多啊。"老王的这些话让我稍微有些宽慰，因为至少证明了这些问题是领导一直在考虑的，只是实施起来确实有很大的难度。

工作中的迷茫

之后很长一段时间我不断地反思自己，同时也不断地反思曲江旅游业这几年的快速发展带来的诸多辉煌的背后所隐藏的一些问题。就在那段内心比较迷茫的时候，集团公司选派我和几个同事到专业的旅游研究机构进行交流学习。我能从最近越来越多的培训机会，感受到公司对于中层干部的重视。但是我个人认为，最需要培训和重视的其实是那些和游客面对面接触的一线员工。

在外边学习的那段时间，应该可以算是自己的旅游行业发展、企业管理等宏观能力有所提高的重要时期。身边都是一些在旅游行业摸爬滚打多年的同行，大家在一起沟通交流非常顺畅，有很多的共同语言。同宿舍的老徐比我大几岁，他原来是在深圳华侨城那边工作，后来出于家里的原因回到西安，他是搞旅游活动策划的，是个非常有思想，也非常能说的人。有一次我们两个人晚上出去喝酒，大概是因为酒喝了不少，聊得也比较尽兴，越说也就越放得开。老徐说："曲江现在旅游的发展非常快，从当初的坟场、荒地变成如今国家旅游示范区，是非常不容易的，但是整个旅游行业的管理模式还是在延续十年前南方的老把式，几年过去了，国际国内的旅游行业发展极其迅猛，形式一变再变，然而曲江却没有危机意识。所有的景区仍在延续同样的机制，这会出问题的。"我急忙问他有什么好的建议么，他说："曲江旅游发展太过迅速，导致诸多景区急于扩张，摊子是铺开了，回报却没见增长多少，说到底还是底子不够厚，不够扎实。现在的重点应该是如何在现有的基础上加大景区开发的深度，做到样样是精品。"后来他是彻底喝醉了，说自己辛辛苦苦这么多年还在还房贷，孩子上学的问题也急着解决，我对他的境况也是深有体会的。看着这个四十多岁的汉子醉倒在酒桌上，我心里那个滋味，五味杂陈！

学习回来之后我将一些自认为有用的资料同部门里的员工做了分享，也希望他们能够理解我的苦心。但是过完年之后，还是无法避免地收到了几个年轻人的辞职申请，只能无奈地祝愿他们能够早日实现自己的理想。

说到这儿就不得不说说我儿子，工作不停地加班总让我对他很是愧疚。那是个周末，我们一家三口来到我所在的景区游玩，那也是我第一次带着孩子来到我工作的地方。我带着他几乎走遍每一个角落，嘴里不停地说着每个地方发生的重大事件，儿子则只顾得好奇，四处玩耍，倒是老婆给我了一句："就你们曲江好，平时工作说不完，出来玩也是三句不离曲江。"我只能干笑着应和。之后儿子非要到我工作的地方去看看，拗不过儿子哭闹，就来到了办公区。哪知道儿子对着我的一个同事说："叔叔，你以后不要让我爸爸加班了，每天爸爸回来我都已经睡觉了！"同事尴尬地不知所措，而我自己却是愣在了那里，感觉内心最柔软的地方被人狠狠地戳了一下，眼眶湿润的我一把将儿子抱起来，对他说："爸爸以后一定早点回去陪你，好不好？"儿子好像看出我要哭了的样子，说道："爸爸，我逗你玩的。"那一刻在场的人都笑了，我也笑了。看到儿子这么懂事，我真的很欣慰。想到这些年没日没夜地加班，冷落了老婆和儿子，就又感到深深的愧疚。那天晚上回去我做了几个拿手的好菜，老婆和儿子吃得很香，心底里感受到久违的幸福。不过我也问自己："我真的可以不加班么？"

答案是否定的。工作很忙，忙到有时候忘记了为什么这么忙。后来集团下发了关于"精细化管理"的文件，这一下可被手底下的人抓住了把柄。一到下班时间一个一个都说："精细化管理、精细化管理喽，到下班时间喽，不下班的要被扣工资了！"我则回应他们："我不管你们是不是加班，我安排的工作，你们一定要按时保质保量地给我完成好。"虽然大家嘴上调侃，但能看出每个人在上班时间内更加集中注意力，力争在工作时间内完成工作，这对于提高工作效率有很大的督促作用。以前一到下班时座位上"座无虚席”的状态消失了，反而是下班前大家提前完成了手里的任务。公司工作的效率提高了，这也让我多出时间可以陪在家人身边。

很多管理上的东西可以慢慢来克服，但是有个放在明面不得不解决的问题，也让我左右为难，那就是工资待遇。这个问题相当敏感，放在我们那个时候，感觉这是一个难以启齿的事情。有一次，我准备招聘一个有一定工作经验，或者说对部门工作有一些实践性、指导性看法的人才，陆续来了不少人，还真没有能入我眼的。直到小何的出现，这个年轻人首先给我的第一印象是自信，在其专业领域上也给出了很多独到的见解，这也是源于他在重庆旅游市场多年的工作经验。我对他非常满意，互相聊得也很投缘，心想如果能招到这员大将，对景区和部门的工作会有极大的帮助。但是到了最后谈到薪酬这块，一下子陷入了僵局，当他说出他在重庆工作的薪酬时，我知道这事儿基本算是谈崩了，尽管我没有放弃，动之以情、晓之以理地说服他，但是无奈和他理想的薪酬实在相差太大。说句实话比我自己的薪酬都要高出不少，最后只能选择了放弃。尽管如此，我们依然互相留下了联系方式，后来听说他自己开了一家旅游策划公司，有不错的收入，但看着这样的人才从自己身边错过，总是有一种无奈的惋惜。

前一段时间集团一直在筹备上市的事情，整个公司的氛围也都因此活跃了起来。虽然上市是好事情，对于公司未来资金的筹集、管理体制和财务体制都有莫大的好处，但是我内心却是很紧张的。因为我很清楚，随着企业的上市，无论是财务状况、企业管理、薪酬待遇，甚至企业的方方面面都接受着公众的监督，一个不小心很可能出现致命的问题。毕竟股市就像个放大镜，好的一面和不好的一面都会被无限放大并引发连锁反应。总的看来应该算是挑战和机遇并存吧，不过从公司对于上市的信心来看，将来曲江旅游景区的发展还是会有不少大动作。

公司管理在不断地完善，面对时代变化所引发的挑战也越来越严峻，作为一个对曲江景区有着深厚感情的人来说，我则心无旁骛。我所看到的，我所想要改变的就是我所在的景区、我的这个部门、我的手下他们所遇到的一个个小问题。虽然这些问题看似很普通，甚至是无关大局，但是我知道正是这些在旅游景区最前线的员工，塑造着景区的形象，代表着景区的服务质量，进而影响游客出游的最直观的感受。他们出的每一个纰漏都和我们这些中层管理者有着莫大的关系，对于底层员工的培养意识的缺乏已经逐渐成为旅游景区发展的一个瓶颈。

采访手记

旅游业是劳动密集型的行业，服务质量是其经营管理水平的标志，而对从业人员的有效管理又是旅游服务质量的重要保证。旅游企业之间的竞争已越来越明显地表现为对服务和管理人才的竞争，人才资源作为一种特定的资源，已成为企业保持竞争优势的重要源泉。李总从大学毕业加入曲江景区，由一线员工逐渐成长为中层管理者，而其身边的同事及下属渐渐地离开了曲江，中间的点点滴滴隐含着主人公对人才流失的惋惜和担忧。

文中表现出来的员工离职其实是一种缺乏企业文化认同的表现。一个新区的发展，在人员流动上往往具有这样的特点，你来我往，在一个地方刻画自身的痕迹，构建了地方也解构了地方。按照段义孚(Yi-fu Tuan)的观点，地方之所以成为地方，是因为人们将自己的情感注入其中，而深层次的是一种地方文化认同的建立[①]。那么，是否文中人物的企业认同可以映射到曲江的地方文化认同呢？答案是肯定的。原因在

① Tuan Y. F., *Space and Place: The Perspective of Experience*. Minneapolis, MN: Minnesota University Press, 1977.

于，曲江的地方文化认同，无论是物质层面还是精神层面，是一种对地方的客观认知加上情感投射的地方认同心理，这种认同构成了人们对曲江的认知，影响着人们后续的行为[①]。当人们将自己的工作场所作为地方，那么企业认同就可以解读为地方认同。

---

① 李蕾蕾：《跨文化传播及其对旅游目的地地方文化认同的影响》，《深圳大学学报》(人文社会科学版)，2000年第2期。

旁观曲江发展

本文故事描述的谢先生，37 岁，西安某媒体文化编辑，采访地点在西影路其家中，时间为 2013 年 11 月 2 日 9 点到 11 点之间。

我在西安长大，在西安上了幼儿园，读了小学、中学和大学，现在又在西安工作。现在住在西影路，距离大雁塔也挺近的。出于工作的原因，我跟曲江的一些公司，包括曲江音乐厅和曲江美术馆这些文化机构的工作联系比较多。

我到曲江基本是功能性的

从个人生活角度来说，我经常带着孩子在曲江闲逛，就那几个地方。不带孩子的话，我其实都不怎么出来转悠，所以，我到曲江基本是功能性的。要采访我就到曲江美术馆，我们和曲江美术馆有很多合作，或者就到音乐厅。我家人喜欢那儿，我媳妇儿喜欢在曲江吃东西，然后到南湖散步。我无所谓，就觉得在那儿吃饭费用比较高，家里就可以了。到现在为止，我仍然没有养成在曲江闲逛的习惯，要是想闲逛就到我们那儿附近的汇丰城。我不会去曲江，人又多又挤，停车也不方便。我去的时候都是有目的的，是功能性的，是要去工作。没事儿的时候，我宁肯在家歇着。

去年冬天我去曲江比较多，主要是带着孩子去美术馆玩。其实还是因为孩子我才会去，我媳妇儿如果不带孩子，她也不太去那儿逛。我们家住西影路，媳妇的工作圈子在高新，我工作除了采访别人和别人一起吃饭之外，最多就跟朋友们聚聚，其他时间我基本就一个人在家。

因为工作性质的问题，我上班时间跟一般上班族不太一样，基本上白天都没什么事情。我的节奏是早上起来，出去跑跑步，锻炼身体，看两本书，然后吃个饭，睡觉，上班，之后就到晚上了。锻炼身体有三个地方：我爸妈家附近那个跑步的地方，我家附近的健身馆，还有就是在家健身——做俯卧撑。

一个休闲消费的地方

曲江的建设和发展对我和朋友们的影响还是有的。大家说到房价第一个想到的就是曲江，一说就是曲江的房价有的都两万了呢。我曾经跟着我朋友去过曲江池遗址公园，都是孩子玩的地方，那个地方还是挺好的。我有个同学，他就喜欢带着孩子在曲江附近转，而且都转到杜陵塬上去了，那也算是曲江嘛。现在我娃常去的地方一个是兴庆公园，一个是长乐公园，因为我爸妈家在东郊，这两个公园稍微近点儿，还有一个就是唐城墙遗址公园。其实每个人在休闲的时候都有固定的套路，像我带着娃的时候，就有目标性地带着娃转转。

有人说曲江是个有钱人聚集的地方，我的感觉倒不是很明显，因为我去的地方几乎都是商业区。其实你说它是有钱人聚集的地方也没错，比如我采访的我一个同学，他住曲江六号，或者是国画院院长，也是住曲江的小别墅区，不是有钱人也住不进来。但是曲江是不是有钱人的聚集地就是另外一回事了，因为我感觉在那儿住的人并不像想象中的那么多。曲江要想形成人们所习惯的生态圈儿——“住在这儿，就在这儿消费”，还不是那么容易的。

除了美术馆，我消费过的地方很有限。吃饭就到不夜城那些地方，一度因为有 DQ，我还常带我娃去那儿。另外就是请人吃饭偶尔也会过去，有时候请人去星巴克坐坐，其余地方就不怎么去了。

我和同学聚会一般会分几个圈子，有曲江，但更多的是在东郊。因为我是西安人，但又不是在南郊长大的，所以中小学同学都集中在我爸妈那边。偶尔也会来曲江，因为我有个关系不错的同学在这儿工作，正好是在酒店里，而且每次他下班都晚，我们就赶着他下班，有时候就在他们酒店，有时候在大唐通易坊找个地方吃饭。所以我跟朋友和同学聚会不一定在曲江，如果在曲江也都集中在大唐不夜城那一圈儿。如果我同学从外地来了，我会带着他去听相声，而不去曲江。如果带他吃东西，我就带他去回坊了，也不选曲江。其实真正代表西安，最具特色的东西，都不在曲江。如果要玩的话，我给他介绍的都是跟文化有关的那些地方，不会陪人去逛景点。真要推荐的话，那我就推荐大雁塔，当然也包括大雁塔南北广场。

可以说曲江增加了一个大家休闲消费的地方，或者形成了一定的文化核心区。因为在某种程度上，由于它有西安音乐厅和西安美术馆，能够形成一定的文化核心。但是，文化核心区也面临一定的争夺。比如说在美术上，你虽然有西安美术馆，但是画家首先选择的是省美术馆、省美博、省图书馆。曲江虽然有西安音乐厅，但是音乐这个东西，它属于高水准的消费，它只是一个代表性的，在曲江大多数人还够不着它。而且人民大厦索菲特那儿、五四剧院这些地方也都是演出的核心地，会对曲江的市场带来分流。

未来很难预测

跟曲江的人交往，就会发现在这儿工作的人都特别年轻，而且人员流动率都挺高。原因何在？第一是因为他们的工资不像想象中那么高；第二是在曲江很多人都能触到他发展的玻璃天花板。当然这要排除最顶层的人，他们肯定是既得利益者，其余下面的人进去以后就发现和想象的完全不一样。这个体系整个有政府的影子，有政府的行为方式。我的一个朋友就是很好的例子。他是创作那个很 Q 的兵马俑“秦 biangbiang”的，做得非常出名，被曲江挖去了。结果他进到公司以后发现自己被束缚得非常紧。比如说他有了想法，提出这个，公司说：“这有什么意思？”提出那个，公司说：“这有什么意思？”一一否定了。他在那儿是个副总，但是他很痛苦，最终把那些东西交割出去，又出来重新创业，再去做自己原来那些事情，但是他已经错过了四五年发展的那个黄金期。本来处在一个上升势头，最后他把版权都卖了，把公司也作价卖了。他现在虽然有一笔钱，但是回顾这段时间，其实他并不是很快乐。由此可见，曲江模式的政府意志还是很强，不是那种民间意志。

作为一个经常往曲江跑的人，我对曲江的第一感觉就是地产，是个卖房子的地方，第二个感觉是它形成了一定的消费区域。其实我对曲江内心深处不是很认同。它的负面太多了，各种负面新闻。以前是征地的这个负面，最近又有岳路平做“千指禅”，对兴教寺、法门寺的报道，确实是存在很多问题。但它也拥有很多人才，这是双向的，很矛盾。

从文化的角度来说，曲江的兴起对西安的作用是必须肯定的。曲江是个文化产业区，所以它肯定要做文化方面的项目。但是曲江做文化还存在个问题：为了做项目而做项目，除了音乐厅比较专业之外，其他其实不是很专业。和我们对接的时候，觉得他们做演出都不行，曲江演艺集团、曲江演出集团，或者曲江文旅，每次和他们对接时我们都挺头疼的，特别是他们对新闻的理解，他们对宣传报道的理解。一个比较明显的例子就是一次我去看那个话剧，突然看到曲江做过一个演出季，当时就已经把孟京辉那些代表性的剧都引进来了，却没人知道。可见他们的宣传非常不到位，以至于没有形成太大的影响，据说当时上座率非常差。

另外在西安做文化也有西安人自己的问题。去年7月底有个迪士尼演出，票价特别贵，很靠后的座位票价也两三百，上座率很低。我感觉也没什么人知道，我同学住在电视塔那边也不知道，按说离得这么近不应该这样。是什么原因呢？因为它的运作成本很高，以至于它宣传的费用非常紧，把钱都投到成本上来了。迪士尼做了三年，前两年全赚钱了，而这一期，由于它对自己的定位有点问题，确实做得不太好。其实从根本上来讲，陕西人的文化消费观念也是有问题的，他往往会带孩子看白雪公主、灰姑娘，迪士尼的项目一过来，如果是美女与野兽，那大家都会去了，这就是西安人的消费观念。而那些新项目，像上次那个，接受度就不高，为什么呢？因为它是一个崭新的项目，大家都没听说过。就比如说孟京辉的话剧《恋爱的犀牛》，它在北京等地已经演到千场，快十年了，但是在西安直到去年才开始火，大家才都知道了。西安的消费习惯和文化接受度要比北、上、广至少晚两到三年。这也不是恋旧，就是它的触角不是很敏感。也有一批人是代表先锋，但是他们合成不了一个集团的消费力量。陕西虽是个大学生的消费市场，但是大学生的消费能力还是很弱，一旦过一百块钱，他就不会买这个票了。所以在西安市场上什么卖得好呢？比如说有濮存昕这样的大角儿，大家都认定的几个人，这就去了，贵一点儿他也能接受，必须得有角儿。

我们单位在曲江弄了个产业园，产业园里一边是工作区，一边是住宅区。可以说我现在是曲江周边的居民，未来是曲江的居民，也是未来在曲江工作的人了。但对曲江未来的发展，很难说准。

对于曲江，我其实是一个观察者的角色。我和曲江人的关系，更多的也是这种业务上的交往。从我个人来说，我是非常恋旧的。我在结婚之前，基本上就在我爸妈那个小区，习惯那个范围了，离开之后很久我才习惯这边的。等到将来是不是能习惯曲江那边，我还不知道。

采访手记

任何事物的发展都具有两面性，更新与问题同在，认同与反对相生，曲江的开发当然也不例外。亮丽的名片背后，负面问题也不断涌现，“以前是征地的这个负面，最近又有岳路平做‘千指禅’，对兴教寺、法门寺的这种报道，确实是存在很多问题”，曲江打着文化招牌，但“它是为了做项目而做项目，除了音乐厅比较专业之外，其他其实不是很专业”。与前几章的看法截然不同，主人公的生活虽与曲江密切关联，却并未从内心深处认同曲江。

中国城镇化过程，不仅带来的是地理空间的更新，更伴随着人们居住环境、生活环境，乃至整个社会环境的改变。这些新的区域的产生，伴随着日益增强的人口流动性，使得人与环境之间的情感联结受到影响，也使得新区域的地方认同与归属成为社会难题[①]。城市新区的规

① 庄春萍、张建新:《地方认同:环境心理学视角下的分析》,《心理科学进展》,2011 年第 9 期。

划，不仅仅是为了营造一个“功能性”的消费场所，更要让人们从内心去融入，去共同创造这个“空间”的价值与记忆，使其成为新的“地方”。如果发展一味急功近利，搞面子工程，有文化之名而无文化之实，必将带来无尽的隐忧，让人们对未来前景不抱希望，也与地方实质意义的建构愈加疏远。

在曲江做戏剧

本文故事描述的蒲先生，35 岁左右，供职于西安音乐厅，采访地点在其单位内，时间为 2013 年 7 月 27 日 9 点到 11 点之间。

时代就是一场戏剧，它把自己想要表达的意思藏起来，而展示着另一面给世人。只有好的观众才能理解，理解了时代也就理解了未来。我对现在中国戏剧的看法也是这样，看起来这种艺术很边缘、很小众，但未来它会逐渐地发展开来，走向更多的人。因为戏剧这种艺术形式是符合现代人慢慢发展起来的生活追求和审美需要的，换句话说就是喜欢戏剧的观众越来越多了。所以当我去年从一家电视台来到曲江，在音乐厅这边开始做戏剧时，我发现这里有我想做的事情，这里有属于我的未来。

我眼中的戏剧

戏剧一直是我的爱好，虽然大学并不是学这个专业的。从电视台走向戏剧，除了爱好以外还有两方面的原因：一方面是电视本身作为一种传统媒体，在这个时代表现出一种颓势；再一方面是体制的限制，我更适合在自由一些的空间里发展，而体制内的某些事情并不适合我。来到曲江这边的音乐厅，这里做的恰恰是我想要发挥潜能的事情。另外也可以算是一种创业，这件事虽然在其他一线城市产生时间也不短了，但西安在这块（戏剧）比较滞后。在西安这个城市，我们要做的这件事（戏剧）以前是没有的，我可以说是开拓者之一吧！我和我的团队认为，现在整个的社会氛围允许戏剧这种形式在当下的时间点上爆发出来。如果是提前或推后两年，整个氛围又会变，因为前两年这个事可能还做不成。恰好小剧场的这种戏剧形式在这个时间点上开始流行，这种流行也和经济水平的提升有关系。人们开始厌恶电视和电影上那种不真实的感觉，开始想从电视媒体大量空洞肤浅的信息中逃出来。观众逐渐觉得真人的表演所能看到的是一种现实的气息，能够感受深刻的文化，启发思考更为有趣。从郭德纲的“德云社”红遍大江南北就可以看出来，这代表着一种时代的走向。从整个其他院团、受众、生产者的角度几个方面看，小剧场的戏剧是可以在这个时间点上做，而且可以在西安做。

曲江小剧场

我们这个小剧场处在曲江这片区域里，整个区域的发展和小剧场的发展关系很大。首先，从硬件这方面来说，场馆的设施、环境，以及给观众的感受、服务都很重要。音乐厅这边是一种全新的、按照一线城市或国外的标准来运行的环境和方式。所以它跟你在其他地方看戏的感受是完全不一样的，曲江有曲江的特色。再一个就是包容性，曲江的包容性确实很大。曲江把这个音乐厅交给我们团队来运营，但是不干涉音乐厅的运作内容，因此我们的自由度很大。其实我们就是按照我们对市场的理解和市场经验来判断哪些剧种是受欢迎的。我们就是要把自己所有的精力都用在市场上，而这恰恰是别的官方戏剧组织所不具备的。在这方面，曲江给文化产业的发展创造了比较好的环境。

我现在待的这个企业除了符合未来的发展方向，还有很多优点。按照演出的标准来说，它的眼光始终是向国际上看齐的，或者至少说是一心向往、追求无限接近，就像是做事情、学习要找格调高的老师学，同强大的对手竞争，这些都是有利于自身发展的。我们是用国际标准来权衡，而不只是考虑音乐厅的生存。不会因为单一地考虑票房，做一些粗制滥造的东西。我们把对艺术品质的要求放在第一位，接下来才会考虑票房。达不到我们期待的品质，我们宁愿不做。至于挣不挣钱，我想每一个企业都要考虑，文化产业更有必要考虑这个问题。首先，我们每部戏的功能不一样，有些戏就是为票房的，比如减压的、情感的，这一类的戏剧很受欢迎，票房一定好。但有些戏，比如带有批判色彩的，给社会发出一些声音，想引起人们反思的，必须得有这样的戏，要带来一定的思考。因此我们认为要做一点有意义的事，不能纯粹为了商业。有些东西它承载着一定的功能，而有些戏拿来做就是不挣钱。比如爱丁堡戏剧节上获奖的作品，账算出后就是不挣钱，但是我们要做。另外一个方面就是给城市在精神层面上的发展做一些贡献。再一个就是我们对自己有要求，我们不能做低品质或者是不好的东西。我经常说西安的观众为什么没有资格看那些好东西？大家应该有这种欣赏高品质戏剧的权利。我们有能力做得更好，只要我们不赔或者少赔,我们都愿意去做。

我们和人艺[①]不一样,人艺是老院团的体制。它(人艺)做的路径和目标与我们不一样,它没有完全按照市场的规律去做,因此它在营销这方面实际上是空白的,通常是通过财政拨款,完成几部戏就好。人艺对票房貌似很关心,实际上关心不着。因为它没有那个能力做,所以它对市场这边几乎是处于一种空白状态。几个剧场对比就会明白,整个氛围完全不一样。西安音乐厅是一个比较正常的商业性质剧院,而人艺有点自己做自己,这不是一个正常的市场行为。人艺的路数就是全年有多少场演出,用这些数据做一个预报告,向宣传部汇报,从扶持口取钱。我们跟人艺演的周期不太一样。一般而言,人艺的一个剧开始上演就是 15 场、20 场。但是我们现在还处在培养期,所以戏剧只能在周末上演。

要说音乐厅选址的话,从地理上来说,高新[②]是最佳的位置。因为剧场一般都是在闹市,都是在精英、白领聚集的地方。在选址上,不管是百老汇还是北京的一些剧院,都是选在都市的闹市区、商业气氛很浓,容易坐车且人流量比较大的地方。也有一些剧院反其道而行之,突然跑到一个人烟稀少的地方,比如说成都的 8 点空间[③]就是在成都周边的郊区,这主要是因为硬体建到那边,所以运营的人不得不到郊区做,但我想运营的人其实也希望到市中心去。但它(成都 8 点空间)做得还行,成都在剧场方面比西安表现得更好一点,基础更强一些。我们在曲江做,这边虽然相对来说不是闹市,但是做好营销效果的话也还算可以。营销做得好很重要,之前我们这边(西安音乐厅)是因为缺少制作生产的一些人员。我来以后,等于说就组建出了一个从生产、制作到销售于一体的团队。这里的工作人员普遍比较年轻,而且都是有理想的人,这一点跟其他企业还是有点区别。实际

---

① 人艺:指北京人民艺术剧院,简称人艺。

② 高新:指国家级西安高新技术产业开发区,简称西安高新区或高新。

③ 8 点空间:指成都市 8 点空间剧场。

上我们西安音乐厅这边做戏剧的工资不高，甚至有一些学历比较高，营销专业毕业的，来了之后工资反倒没有一些技术人员拿得多。或者说他学历高，营销专业毕业在同学历或同资质的情况下，比在其他企业中拿得要少。但这些同学愿意来这里，主要是看到这里的发展空间，还有就是符合自己的理想。所以这边（西安音乐厅）从老板到员工整个理想主义色彩比较浓重，我们就是喜欢这件事，愿意做，虽然收入不高。

未来想要进军国际市场

对于大多数戏剧界企业来说，最顶尖的就是“五个一工程”奖。但是我们这边不单纯是为这个奖，而是想在未来进军国际市场。我想每年能有一部戏带到爱丁堡去，走向国际舞台，因为中国戏剧对世界戏剧的贡献是零。我有这样一个想法，但是这个在初级阶段可能有些不切实际，长远的目标应该是这个。然后从国外引进项目，引进项目有几个功能：一个是提供好的演出，让西安市民能够看到，跟大家一起分享；再一个在引进的过程中，也引进所有的管理和理念、所有的执行标准，在合作过程中我们向国际优秀的团队学习经验。我们获得了引进作品中文版的制作权，比如迪士尼或其他项目中文版的制作权，制作全是我们本土的人来做，但是版权是美国的。当然在初期的时候对方的技术人员都会来，包括导演。在这个过程中会学到很多东西，就是一举几得的事情。所以戏剧不仅要走出去，还要引进来，未来想要做好，这两个点是必经途径。

我们音乐厅今年上手做的剧目有点多，想让市场来消化这些剧。我们现在跟国内一线的编剧关系很融洽，私下也沟通过这个事情。冲击爱丁堡戏剧节大概在未来的两年之内，反正越快越好。只要有能力做的，就要在时间上让周期变短。当代戏剧中心成立一年多了，这一年运作超过了我的预期。比如说票房的回报打平了就好，但实际上它是盈利的，话剧盈利本身就是一件很难的事。再一个观众也超过了我的预期，聚集到西安音乐厅的戏剧“人口”比原来预想的要多。我原想的上座率就是四成、五成，然而有些时候经常会没座，这个是我觉得比较欣慰的。在观众的组成上，在曲江入住的居民并不是主体，而是以在西安对艺术有诉求的文艺青年为主。就我观察或从观众问卷调查中反馈回来的结果看，曲江本地人不是那么多，虽占一定比例，但大多数还是来自高新的。曲江和高新相比的话，高新的优势一个是开发时间早，再一个就是经济类的产业发展快。我觉得在那边（高新）发展的时间早，人数多，高新那边底子打得好。曲江是因为这个概念——曲江模式，加上对这种模式的露出、推广，让人有一种误判，觉得这边（曲江）很红，然后要在各方面引领城市，特别是在文化上。实际上我认为曲江模式炒作的成分大了一点，现在区里（曲江新区）能够立得住的企业屈指可数。因为好多企业呈现出来的不是以时尚导向，可能是为了别的目的，是以扶持或是其他原因才来到这（曲江新区）的。曲江新区是国家级的文化产业示范区，但是没有一个叫得响、有文化生产竞争力的单位，主要原因就是环境所承载的内容还不够。毕竟是新兴的地方，要想扎根有所发展，还需要时间。我们就想争取成为曲江在全国叫得响的品牌，不过这明显需要很长时间的努力。美术馆我觉得声音也不响亮，不知道是运作的问题还是什么。

我也曾想过在高新投资，现在已经有意向了。比如说现在有些房地产开发商愿意给音乐厅盖剧场，你要什么样的，开发商就给你做出来。开发商觉得你的创业面表现得还可以，能吸引开发商，能给开发商一些附加价值。现在北边大明宫也在找我们。西安其他想做戏剧的或正在做戏剧的，我们之间都谈过。戏剧这东西是需要许多场馆的，想要传播开来扩大市场，场馆是必需的。就像电影的基础那么大，从许多影城和电影院就可以看出来。

像剧目这一块,我们是林奕华戏剧的中国区代理。林奕华①是香港的导演,跟北京人艺的关系非常之好。我们和他对戏剧的理念、做事的方法,挺能谈得来。北京的导演、演员那边也都听说过西安这边有这么一股力量在做这个事情,他们也比较认可。因为有些人来到音乐厅这边探戏,发现甚至比他们在北京的演出效果要好。我觉得方方面面,大家对这个地方以及对这个地方做的事情基本上比较认可。而且我们国内的导演、编剧、演员资源都还比较丰富。国外我们跟百老汇也谈判过,跟迪士尼也谈判过。我去年到韩国,有个戏叫《万古》,常演不衰。这个戏时间特别长,我们去就是想合作,现在谈判也在进行中。只要有好的项目,不管是哪个国家的,都可以谈。只要结合我们本地,能生产出适应地方的项目,不管在哪儿,都会上。

亟待培养的戏剧市场

西安的观众素质比较高,就是整个头一拨人都是有文艺情怀的,有文化诉求的人。目前我们的几千观众对这个地方都比较认可,整体的素养也比较高。学历应该都是本科及本科以上。像北京现在就是规模很大,一年大概有 200 多家机构在生产,每天可能都有五六十部戏。所以北京的戏剧质量良莠不齐,有精品的但也有粗制滥造的。像北京人艺是这种老份儿,但其他剧院还是出一些特别无厘头、品质比较低的戏。北京的戏剧所涉及的领域特别宽,各种戏都有。麻花②就是一个很知名的牌子,其实从作品的角度他们做得很好,再者是资本运用得也好。麻花的频道资源、人员、信息各方面做得比较好。然后包括戏逍堂③,也是想吸引风投,确实拿到风

① 林奕华:香港文化界著名人物。

② 麻花:指北京开心麻花娱乐文化传媒有限公司。

③ 戏逍堂:指北京戏逍堂戏剧工坊。

投的钱，疯狂地做了好多剧场。北京就有五六个剧场，结果运营得并不好。建剧场的这个事情风险很大。包括爱笑会议室[①]现在也做成舞台版了，现在北京也是一票难求的景象。北京现在人口细分了，它（戏剧）这个圈子看什么类型的观众都是固定的。固定的一群人看自己喜欢的一种风格，很少有交叉的。孟京辉的"空巢"里，全是他的粉丝。孟京辉有三四万的固定粉丝，他的票房从来都是盈利的。西安现阶段是萌芽阶段，起势比较好，观众和生产的人之间的互动关系在这个阶段的表现是良性的。我们生产出来的东西，观众都比较认可。甚至有的场次有人每次都来，这些就可以说是我们的粉丝了。我们培养观众也是一个过程，现在的观众是以本地的时尚白领为主。观众年龄在25到35岁，女性比较多，占六成，男女比例4∶6。我们现在的剧选材都是成人的题材，跟儿童没关系。儿童市场有儿童剧，成人剧和儿童剧的数量是差不多的。儿童剧票房更好，这在整个全国范围都是一样的。这类的文化演出，有很多市民是出于对孩子教育的目的带着孩子去的。家长本身可能不太喜欢戏剧，但是戏剧对孩子的想象力等各方面是很有益处的。儿童剧我们也可能会做，我们基本上是要把西安的市场全覆盖。包括成人的小剧场、成人的大剧场、商业戏、儿童剧，这些都需要我们引进改造或者原创的戏。

最近上演的《你好，疯子》这个戏剧，以前在北京演过一百多场，口碑非常好。我们跟这个剧的运营商谈版权，然后引入，用的全部是本土演员，进行本土制作。这个戏我们从一开始就介入，北京在创作这个戏的同时，我们的演员就介入到这个创作中，之后就是同步上演，西安、北京、成都基本上是同一时间。演员人数也不多，通过各种渠道甄选了一下，有一个基本的阵容，然后就能够固定下来做这个事情。我们的制作人是学表演的，理想主义色彩特别浓。其实在西安想干一个跟本行有关的事情挺难的。除

---

① 爱笑会议室：是指近景短剧表演团体。

了几个院团，还能到哪去？但是院团现在呈现出一种颓势，院团不按当今的市场规律做事情。制作人到我们的戏剧中心来收入可能会少一些，但是却能够最大限度地满足自己的理想，做和自己专业相关的事情，大家把所有的精力都释放出来了。

关于青年演员的培养，我们现在和西安外院①的艺术学院还有青年职业学院②已经有了实习的签约，此外未来还有几个学校都有签约意向。凡是有表演专业的这些学校，目前签了两个，戏剧中心就是这些院校学生的实习基地。做这个工作一年，和团队磨合，肯定有适应和不适应的。我觉得这帮人一开始聚到一起就是因为目标是一致的。不挣钱的事，但是大家干得特别有劲。我在管理上可能稍微轻松一些。虽然有的部门员工流动性也挺高的，不过我想流动也不一定是坏事。一个企业的目标、做事的态度和方法，员工自己必须得把这些弄清楚，不能只盯着工资看。只看工资的话，这种工作评价体系是不完整的。对有些年轻人，他们经验或对事情的看法有局限性，可能看不到我们这个事业的未来。做这一行的前提是你喜欢这个行业，如果想在这个行业挣到大钱，这种可能性很小。在文化产业想挣到大钱，除了非常规的炒作手段，没有其他。总的来说，我在曲江做的这个和曲江的文化产业发展有点像，都在起步阶段，有比较好的发展空间。曲江应该说具备了很好的发展文化产业的条件，但是现在来看发展得还不够好。其实曲江应该有更多的鼓励和支持工作，只有这样才能吸引更多的人才和有想法的企业。从个人感情来说，我还是比较喜欢曲江的。因为这边新，这边也漂亮、环境好。有时候在曲江这边转转走走，还是很舒服的。

曲江要做真正的文化高地，路还很长。如果做不好，很可能文化产业

① 西安外院：指西安外国语大学。

② 青年职业学院：指陕西青年职业学院。

的品质就提不起来。现在各地的经济都发展了，也都在搞文化产业，但很多都沦为了没有文化也没有产业的瞎搞。有的地方过分注重文化产业的经济价值，但是文化产业没有文化哪里会有可持续的经济价值？曲江的“新”是它的优点，但是也存在“空”的危险。曲江把地圈起来建园子、修路、造房子，这只是做了发展的第一步。第二步就是要充实这个区域，无论是从经济产业还是从文化角度讲，发展文化产业是关键。

曲江现在正在积极地搞二期，后面还有更多的后续动作。但是现在已经出现一些突出的问题，总的来说曲江外在看起来华丽，但实际上不繁荣。文化产业刚好是这个过程中的一个好东西，搞得好，这边渐渐地就会人气旺起来。只有人气好了，才能名气好，才能吸引更多的人才和资金，从而带动这边的发展。

采访手记

城市美术馆、音乐厅、艺术博物馆、艺术陈列馆等公共消费空间，使文化的“生产”与“消费”几近同步，此类空间所发生的文化活动可以使人们短时间脱离日常繁琐生活的泥沼，升入仪式化快乐的神圣空间[①]。如今，伴随着区域经济版图的改变，文化力和文化软实力对经济的贡献越来越受到人们的重视。人们不仅将文化看作大众生活的设施、美化因素和增色剂，更将其作为刺激城市经济的工具。与其说文化是物质文明的反映，倒不如说它是物质文明的手段。城市文化产业对生产领域的贡献，已成为经济发展的重要基础，也是城市发展的核心竞争力。

曲江模式是一个典型的以文化产业为龙头的发展模式，然而在这一模式的指引下，文化的口号喊得很响，但实质内容却相对欠缺，难免

---

① Zukin S. *David Harvey on Cities*. Blackwell Publishing Ltd, 2006.

有炒作之嫌。“曲江的新是它的优点，但是也存在空的危险”，如果只求一时之快，一时的经济增长，而忽视产业背后深层的文化蕴含与实质意义，那么文化的可持续性必将无法延续。无疑，“曲江要做真正的文化高地，路还很长”，重文化之实，提升文化产业的整体品质才是产业扎根的关键。

值得商榷的曲江模式

本文故事描述的刘先生，45 岁，某银行高管，采访地点在雁塔区师大路某咖啡厅，时间为 2013 年 8 月 3 日 19 点到 21 点之间。

我在银行工作，今年四十多岁，毕业于西安财经学院，就是翠华路上的那个校区。我太太是陕师大毕业的，现在在一所大学做老师。提起曲江，现在很多人脑子里的概念其实就是大唐不夜城这一片区域，延伸到南湖周边。而我的概念是翠华路以东，大雁塔以南，雁翔路那边。虽然不一定对，但是在我印象里也就是这一块了。因为我想曲江这边的居民，每个人都有属于自己的曲江概念。

我的麦田记忆

我六年前开始住在雁南一路，原来在外省工作。关于曲江，比较早的记忆是，这里有非常漂亮的麦田。现在曲江六号这边曾经就是麦地，原来的大雁塔周边也是大片的麦地。我一直很喜欢麦田，也很喜欢凡·高的画和海子的诗歌。想想以前的那幅画面，真美！那时候，每到麦子长高的季节，我总会到大雁塔附近去玩，有时候就是单纯地为了看看麦子。后来漂泊在外地，有一次听到李健的那首《风吹麦浪》，突然就想起大雁塔下的麦田。或许那时的麦田并不像我记忆中的那样，但是岁月流转，那种“风吹麦浪”成了我特殊的记忆。这里现在已经没有麦子了，而我也并不感到惋惜，就是因为“过去”是一去不复返的，“过去”才显得弥足珍贵。

“远处蔚蓝天空下，涌动着金色的麦浪。就在那里曾是你和我，爱过的地方……”这是李健的歌词，也是我很喜欢的旋律。我和我太太大学的时候就已经认识，我们那个年代的人比现在简单一些。我时常送她麦子，几根麦子用小绳子扎起来。那个年代的大学生还是比较有诗意的，情侣之间送玫瑰花其实很少。再后来我就带着她一起去大雁塔那边转，一起看麦地。有一天她坐在田地旁边，看着我在麦地里转来转去，转了很长时间。等我回来的时候她便问我在麦田里干什么。我说，我是去找最好看的麦子，然后拔下来送给她。我们结婚后，她告诉我，就是那一次我给她找麦子，她才决定要嫁给我的。回头想想，那时真是一生中最美妙的时候，就是黄昏金黄色的阳光洒在麦地上的时候，就是大雁塔在远处显得邈远而神圣的时候。

那时候周末就去小寨、盆景园，还有植物园。曾经的盆景园就是大雁塔里面很高的松树林子。那时候人们可去休闲的地方是很丰富的，而且比较安静。那种古典的景观，就像是老照片一样充斥着岁月的沧桑感。现在这边很多大学的学生只能去个南湖而已，南湖并不适合学生，更适合住在那里的老百姓。总的来讲，过去的那种古色古香的原生态古城消失了，取而代之的是新的建筑和人工景观。想想这也是没有办法的事情，城市总是要改造，景观总是在变化。

曲江生活的点滴

在南郊这一片居住也是因为我们对这边比较熟，有感情。南郊有个最大的好处就是文化区，学校比较多，社会总体素质高一些，治安比较好。不过也可能是因为本地人的缘故，自然会觉得这里好。现在这边景区也多了起来，曲江的整体品位也提升了。朋友来了，我会带他们去南湖、大唐芙蓉园这些地方逛。大唐芙蓉园就是我很喜欢去的地方，里面很干净，风景也很好。那个湖里面的亭子就很有特色，尤其到了黄昏的时候，晚霞洒在湖面上，坐在亭子旁边的木凳上，感觉非常的舒服。园子里的表演也很有特色，外地的朋友来了总是要去看一看展示古代文化的表演。上次我和一个朋友去看一个爱情主题的展览室，好像在三楼，我们爬上去之后，我说："哎，这里怎么什么都没有啊?"朋友打趣地说："很不错啊，挺深刻，爱情本来就是什么都没有嘛。"说得我们一行人笑个不停，连连称是。

平时周末吃饭我是自己做，我不喜欢在外面吃饭。偶尔不想做才出去，吃个饺子，吃个热凉皮、菜豆腐，其他的都不吃。附近有特色的，也会带着老婆孩子一起去。我们还是比较喜欢绿色、素菜之类的，像陕南山里的野菜。我平时有空会去打羽毛球，有三五个球友。因为下班堵车，我们球友约到六点半，周日就是两点半，一路听着音乐来到球场。出一身汗，很舒服地就回家了。除了去打球，平常我会跟太太去散步，一般走两个线路：一个是从我家出发，从大雁塔南广场进去，然后绕着北广场走一圈，再从纬二街翠华路转回来，一个小时。这条路就是晚上很热闹，店铺多，人也多，走在路上能看到很多有趣的人和事。路上有各种吃的，也有各种玩的。有一些老年人在成群结队地唱歌，有一些年轻人在跳舞。小孩则在塑像下面来回钻，或者是穿着旱冰鞋滑来滑去。走累了我就和老婆坐在板凳上休息，或者找个店坐坐，聊聊家常，聊聊孩子，聊聊未来，感觉很惬意。过去我们在这一片麦地旁边走，现在也到这儿来。虽然没有过去那种浪漫了，也不乏岁月沉淀后的平和喜悦。

晚上出来逛的第二个线路，就是从我家开车出发到南湖。停到南湖那个桥上，绕着南湖走一大圈，然后开车回去。在南湖的时候，相比较就很静了，灯光也会少很多。两个人小声地说话，就像配合夜晚的静谧。有的时候，我们会坐在湖边，在垂柳下面聊天。在南湖边，两个人感觉更安静一些，话题可能也偏感性一点。不过走来走去也都没出曲江，谈来谈去也大多是这片土地上的事情。

相比较打球来说，其实我更喜欢和老婆一起散步。打球有打球的好处，散步有散步的好处。前一段时间，老婆身体微恙，心情也不大好。我就专门想抽点时间陪她，原来打球的时间就在家陪她。又怕她不让我陪，我就说上次打球把肌肉拉伤了。我跟她说，你看，咱俩现在一个病人一个伤员，一起去玩玩呗。我还是带她在曲江附近走走，找个不错的餐馆和茶馆坐坐，找几个朋友一起叙叙旧，玩一玩。她心情好了，我心情也就好了。她文化比我要高，很多时候我对她是发自内心的尊重。孩子方面她操心也多一点，这方面我倒是觉得自己做得不够。其实很多时候，男人对自己的孩子表面倒是不需要关心太多，可以让他们看到父亲严肃的一面。但是对女人倒是需要多关心一点，因为孩子小的时候受母亲影响更大。

我有一个孩子，还在读高中。虽然他是男孩，但是却比较好静，这一点像他妈妈。小时候有点怕生，很容易害羞。但是他却并不怯懦，而且有比较好的意志力。记得有一年我和他一块在他外婆家，他外婆家在农村，晚上我们出来散步。那时候已经很晚了，我们走着走着走到了农村的集体坟地。我就问他，你怕不怕。他说不怕，我笑着说，因为我陪着，你才不怕，你怎么证明你自己不怕。然后他就什么也没说，自己独自向着坟地走去。我知道其实他做很多事情都有点怕，但是他还敢去做。如果一个人天生性格粗条，胆子够大我倒觉得没什么大不了的。但是如果你本身不是那样，却能够勇敢地面对一些东西，这才是真正的勇敢。我这个孩子在学校学习很好，但是偏爱文科，数学不好。他会经常写一些东西，我看过，写得还不错。以前学校每年有作文大赛，他几乎每次都拿奖。初一的时候，写一篇关于大雁塔的作文拿了一等奖。初二又参加，他就写南湖，又拿奖，但那次是三等奖。初三，写芙蓉园，又拿了一等奖。等到高一的时候，学校又举办作文大赛，这个时候他已经不是很关心得奖的问题了。有一天晚上他来问我，说："爸爸，你看附近的地方我都写过了，现在不知道该写什么了。"我跟他说："那你可以写远的嘛，大雁塔你可以再写一遍嘛。"起初他还觉得再写没什么意思，后来我告诉他再写才能考验他真正的水平。题材越是简单，越能反映一个人真正的才华。他觉得很有道理，便开始再一次写大雁塔。他很认真，去网上查了资料，放学之后还去那边走走看看。后来，他再一次得了一等奖。回来之后，他说，等到大学一年级我还写大雁塔。是啊，我也在想，一个人在不同的年龄对一个事物的看法是很不一样的，对一种文化的理解也有很大的不同。大雁塔就是这样，对于我儿子来说，也见证了他心灵的成长。

一种有很大隐患的模式

我是2007年来到这里的，那会儿整个曲江还没有现在的规模和体制。

我对曲江的模式也算是很了解了，为什么呢？首先是曲江管委会与我们有业务关系，我了解很多他们的内部操作程序和思路。其次就是我本身也在这边生活，对这边的变化和利弊有切身的感受。

曲江模式，从我们的角度来讲还算是认可的，应该算是中国发展的一种特殊的城市模式。这种模式不是一种自然发展的产物，而是城市寻求突破的特殊做法。这种模式应该说完全是人工的、人造的，倒也不是说景区是人造的，而是从市场规律和发展规律来说。这样讲不是说这种模式不好，只是说它也是现代社会普遍的发展动向。

从某种角度来说，它是一种有很大隐患的模式。现在不是政府融资平台嘛，典型的就是政府举债，兴建基础设施。国家背负了很大的债，造出来的一个吸引老百姓的城市。它有很多资源和概念，都是用钱打造出来的。大量的城市绿化、适合人居的概念，都像是在一个比较落后的城市横空出世一样。但是我觉得这种模式是不符合中国大的经济发展规律的，在未来也是不可持续的。第一，它不符合中国经济的发展实际，奇迹可能发生过，但很难持续发生。第二，这种模式是不可持续的，如果中国的城市这样做下去，就是盲目的一种贪大。追求一个城市圈固然没有错，但是没有把城市的核心区形成一个更符合实际需求的地方。这就像是军队编制，比如一个军，看起来都有很大的编制，但是实际每个连、排、班都人数不足。城市也是这样，城市圈变大了，看起来也好看了，只是符合实际需求的内容还有所欠缺。这样很容易后继乏力，就像一个人做无氧运动，开始很有力量，到后来可能就乏力了。而我所指的规律，就是像有氧运动一样，可以持续。

曲江这边住的居民都是比较有钱的群体，因为它的房价也是西安最高的。这里的房子不是普通的老百姓能买得起的，只能适合有钱人。虽然追求大量的城市绿地和生态建设，但是教育资源、医疗配套设施、购物市场都不完善。住在这里必须要有自己的车，要是普通老百姓骑个自行车住在曲江，可能连买菜都没地方买。

其实这是在复制某些中国沿海城市的发展模式，这种模式通俗地讲就是摊大饼，圈地造城。不过内地和沿海还是有很大差距，沿海造城市因为经济发达，人们收入高。但是西安这种城市，未必适合这么搞。你看，曲江圈出那么大的地，那里面环境是好了，人也少，人住进去在那边休闲都很舒服。但是你看它的周边，就是破破烂烂的农村，那里又挤满了人。它相对周边的整个地区，“空心化”是非常非常严重的。给曲江周边的老百姓带来的就是一个交通拥堵，反倒周边的老百姓正常的出行不便了。其实我觉得曲江就顺着长安这个区一搞，别搞很大的，我经常开这个玩笑，我说一过翠华路，那就是天壤之别。

曲江的规划我还是比较清楚，特别是涉及城市的基础设施建设这块。我对这种发展模式还算比较了解，我到国内的其他地方看到的模式也不少，包括国外也去过。我担心如果按照这样的模式发展下去，再过二三十年曲江自身就很难持续运转了。因为它现在是靠庞大的金融机构贷款来支撑，这个体系本身就不够牢靠。这种模式是先把环境造起来，地价炒起来，抬高房价然后卖出去。以后有宏观调控，房价下调的话，它这一块的发展就很困难了。过上十年到二十年，曲江可能就没钱可用了，整个经济链也可能断掉。可能这个发展的某一部分是挣钱的，比如房地产，但是从整个来看，问题还是很多的。曲江管委会没钱了，曲文投没钱了，或许很难有人来救他们。大唐不夜城现在是曲文投在造，属于曲江二期的投资，而曲文投资金很紧张，现在金融又紧缩，很矛盾。就像咱们过日子一样，每个月要有固定的生活收入才能保证。只出不进，钱就越欠越多，哪天没钱了，这个摊子不知道会有谁来收拾。这还是在经济正常发展的情况下，如果以后经济大势上有波动，可能这一块的敏感性会更大。

虽然我在曲江住，但我的同事圈、朋友圈吃饭都不在曲江。吃饭会友更多的是在高新，高新是在所谓的雁塔大区域的概念里。也可以去新开的大雁塔新乐汇。那里适合朋友圈聚会，档次比较合适，但是那里对客人的接待能力也不高。曲江里面的芳林苑、曲江宾馆都是五星级酒店，太贵。曲江这边的多数酒店其实都不适合普通老百姓聚会所用，它们适合高端的商务人士。我觉得住这里比老城区舒服，买个东西开车出去，也无所谓。绿地多，适合散步，走个圈，这是可以的，但是不能代表普通的工薪阶层。能住在曲江，一年不挣到十万以上的，在这里肯定不痛快。有很多陕北人在曲江买房子，这些人都是老板，也很有钱，他们买了很多商品房和别墅。他们的富有是社会的个别现象，他们买的房子也不一定去住，甚至有的人是为了炒房。过去有钱人买地，现在的人买房，其实性质是一样的，还是传统观念在作怪。

有人问过我曲江代表一种什么样的含义？我想答案可能有很多，不同的人也会有不同的答案。但我想，从我本身职业背景来说，曲江是一种有隐患的商业运作模式。之所以有隐患，是因为这种模式并不是按照正常的经济规律运作的，而是一种突破。其实这种突破在中国过去的发展中，很多地方都有，绝不是揠苗助长。但是敢冒险就有风险，而这种风险在未来会越来越大，最后可能是没有人去收拾残局。就像我上面讲的，现在已经出现了一点苗头。

从社会生活来看，曲江代表的是西安市的富有阶层的文化。它看起来最繁华，是高端的一个区域，但是实际上这个高端是一个表面，内涵还不够。那种正常的满足日常生活的需求是有缺陷的，也没有一种高级住宅区应该有的文化。随着时间的推移，我相信情况会有好转。银行，也希望支持的项目能够取得应该有的效益，创造出后续的价值。毕竟，说得大一点，都是为了社会更好地发展，而说得功利一点，就是大家共同在做事情，你做不好，我也不会好到哪里去。

不管怎么说，我家就在这里。我自己也生活在曲江，还是希望未来曲江能够越来越好。只是在面对未来挑战的时候，多采取一些有效的措施去化解风险，会让发展更平稳一些。这就需要多方面的努力了，作为银行来说，也是其中重要的环节。

采访手记

“为何我的眼里常含泪水？因为我对这土地爱得深沉”，每每读起艾青这句诗，总能体会到这其中的种种情感。也许曲江就是这样一个让人爱得深沉的地方，对它的记忆总是充满着大片的麦田、郁葱的松林以及神圣的大雁塔。现如今，在充斥着钢筋水泥、人造景观以及资本膨胀的新曲江，我们不禁会有这样的疑问：“重商业开发，轻文脉保护”，曲江模式是否不利于文物保护？拆迁农民的搬迁是否得到妥善安置？在高负债率的情况下，“曲江模式”到底还能走多远？

阿兰·贝克（Alan R. H. Baker）曾言：“往日景观的形成与意义，反映了建构人们工作与生活于其中并加以创造、经历与表现的社会。但就其留存至今而言，往日景观作为文化记忆与特性的组成部分之一，具有延续的意义。”[①]曲江的建设一直在寻求人们的文化记忆与对地方的新认同，这伴随着曲江模式的出现及曲江性格和态度的形成。曲江是有文化底蕴的，因为历史景观的重建还原了盛唐的风采；曲江是有品位的，因为艺术与生活在这里融为一体；但曲江却是孤独的，因为曲江模式的快速发展使它呈现出了“空心化”，人造景观的建设同样带来了地方原真性的消失。在曲江的发展中，资本、地方性和原真性是相

① Alan P. H. B.：《地理学与历史学——跨越楚河汉界》，阙维民译，商务印书馆，2008 年。

互联系和影响的三个点，诚如哈维(Harvey)所言，资本作为深层结构，是地方性产生与消弭的结构动力[1]，而地方性消弭恰恰是源于地方原真性的流逝[2]。因此，曲江模式在规划和建构城市空间的同时，要使曲江从空洞的空间变为有意义的地方，使曲江的地方性和原真性得到保持和完善。

① Harvey D., *Justice, Nature and the Geography of Difference*. Oxford: Basil Blackwell, 1989.

② Relph E., *Place and Placelessness*. London: Pion, 1976.

众生相:曲江成为曲江(代后记)

我在西安出生,在西安长大,在我的记忆中大雁塔是个地标,而以前生活中是没有"曲江"这个词的,它只存在于"曲江流饮"这样的典故之中。然而渐渐地,它出现在了生活中,它被提及的次数越来越多,甚至可以说在很大程度上改变了西安人的生活。现在,曲江已经是西安新兴区域,市民眼中高品质生活的代名词。

然而曲江是什么?曲江何以成为曲江?

可能对于很多人来说这都不是个问题,但稍作调查就会惊讶地发现,原来在不同人的眼中,曲江竟会有那么多不同的含义。

在新文化地理学的视角下,曲江从来就不是个单一的概念,它不仅是一个空间,更是一个地方。地方的概念是很多地理学议题的核心,即使是在我们日常的生活和对话中,地方也是个含义广泛而深刻的词汇。当一个空间对我们有了特殊的含义,当它成为许多人的记忆之地,当人们以各种各样的方式依附其中,它就成了人们创造的有意义的地方。

曲江在多年发展之中,经济建设方面的成就已经不容置疑。我们项目组所要研究的,就是在经济发展的大背景之下,曲江给自己的居民,给周边的人都带来了什么;曲江何以是曲江,曲江如何成为曲江。

项目组的访谈从 2013 年 7 月中旬进行到当年的 11 月底,访谈的人群包括六大类:曲江地区原有老居民、新移民、在曲江工作的人员、曲江周边地区居民、小业主、小企业主以及手工业者。在访谈中尽可能地照顾到了每大类下的更细小的分类,比如在工作人员中,我们访谈了园林工人、保安、保洁员、餐厅经理、放心早餐摊主、服务员、酒店的高层管理者、地产公司职员、景区职员等十几个小类,照顾到了企业的高层、中层和基层工作人员,地域分布上包括了大唐不夜城、大雁塔南北广场、曲江池遗址公园、大唐芙蓉园、唐城墙遗址公园、银泰城、音乐厅等区域。

在项目组对近二百人进行了访谈之后,三十多万字的访谈录音整理,已经如同一幅幅画面一样回答了本项目提出的问题:曲江为什么是曲江?是什么赋予它如此多的含义?

新文化地理学中所谓"地方感"是指人类对于地方有主观和情感上的依附,而正是不同人群对于曲江表现出的不同情感,使得曲江成为曲江。作为项目的结题形式,本书取名为《根植——曲江生活访谈录》就是出于这个原因。

根植于曲江的六种情感,发生在这些年的变化之中。变化是一个地方永恒不变的主题。

让我们从曲江的由来谈起。曲江这个柔美动人的名字,和西安这座城市中许多看似寻常的街巷一样,有着含义丰富的由来。

曲水流觞,并不是唐朝的首创。很早以前,我国就流传着这样一种游戏,三月初三上巳节,大家坐在河渠两旁,在上流放置酒杯,酒杯顺流而下,停在谁的面前,谁就取杯饮酒。这种游戏非常古老,很有名的一次发生在东晋永和九年(353年)三月初三上巳日,晋代贵族、会稽内史王羲之偕亲朋谢安、孙绰等42人,在兰亭举行饮酒赋诗的"曲水流觞"活动。王羲之将大家的诗集起来,乘兴而书,写下了举世闻名的《兰亭集序》,被后人誉为"天下第一行书",王羲之也因之被人尊为"书圣"。

在王羲之的时代里,曲水流觞是那样一种悠然的生活方式,而当时光的河流悠悠向前，来到唐朝的时候，这风雅的游戏也染上了几分盛唐的气象。

千年前的曲江池畔，树影婆娑，水色明媚，经过了层层选拔终于志得意满的新科进士们，在这里饮酒作乐，他们把杯子放至盘上，放盘于曲流上，盘随水转，轻漂漫泛，转至谁前，谁就或是当场作诗，或是执杯畅饮，遂成一时盛事。“曲江流饮”由此得名，并成为“长安八景”之一。在唐代，曲水流觞这件风雅的事情，有了“春风得意马蹄疾，一日看尽长安花”这般志得意满的颜色。

它带有盛唐积极上进的气质。曲水流觞，是一种悠然的生活方式，然而它又有别于“采菊东篱下，悠然见南山”的消极避世，它是一种梦想得以实现之后，回望自己艰辛付出的坦然与自豪。“一日看尽长安花”不难做到，“昔日龌龊不足夸”才造就了“今朝放荡思无涯”。是阅尽了“百亩庭中半是苔，桃花净尽菜花开”之后问出的“种桃道士归何处，前度刘郎今又来”，才带有轻蔑的嘲笑，才有了不屈和乐观的情怀。和它比起来，王羲之的生活纵然有了《兰亭集序》的光辉，也仍是太过闲散。锦衣玉食的日子，并不是大唐的精神内涵与追求。

它有着盛唐海纳百川的胸怀。王羲之的风雅，仅仅是风雅。然而王谢堂前燕，在唐代便要飞入寻常百姓家。在三月初三上巳节里，曲江池畔人头攒动，清新明丽的景，与鲜妍妩媚的人，使得曲江池边的风物不是贵族的特权，而是民间百姓皆可游览的胜地。“杨柳青青江水平，闻郎江上踏歌声。东边日出西边雨，道是无晴却有晴。”小儿女的言笑晏晏，使得曲江边多了些灵动和旖旎，而杜甫在“朝回日日典春衣，每日江头尽醉归”里又看到了“穿花蛱蝶深深见，点水蜻蜓款款飞”，则又是苦中作乐，意深语淡。民间的曲江，比王公贵族的游戏，更生动，更自然，也更丰富。

盛唐的气象，不在于王公贵族怎样打发时间消磨岁月，而在于各种人群是否能在这里找到自己的理想和实现它的途径。“落花踏尽游何处，笑入胡姬酒肆中”,包容的曲江,真正具有自信雍容的大国风范。盛唐的勃勃生机、万千气象,全在于兼收并蓄、海纳百川,在于每一个社会阶层的人都能在这里找到自己的事业归属,在这儿得到安逸的生活,在这儿找到自己的梦想,同时为了梦想而执著努力。他们的这些情绪,通过唐诗,通过故事,通过各种有形的或无形的方式,深深地留在了这片土地上。

时光,正如那盛上葡萄美酒夜光杯的盘子,随水流转,漂过东晋,漂过王谢眼前,慢慢浮到了李唐。如今,21 世纪,这杯酒终在我们面前停留,终于轮到了我们伸手撷取这杯已在时间的长河里载沉载浮了许久的美酒,我们的指尖仿佛还能触摸到前人的温度,再细细辨识,那里又依稀闪着千古不变的光。

当曲江已经成为西安这个十三朝古都的新兴区域,“曲江”原本的作为贵族风雅游戏的意味已经被淡忘在了千载的风尘之中。我们端起的这杯酒中,如今又是怎样的风情?曲江是什么?是什么使曲江成为曲江?

当我们用新文化地理学的视角审视这片古老的土地,我们能够看到,时光流转,白云苍狗,曲江却一直有着它的精神。支撑着曲江的,不仅是那千年的基因中带来的风骨,还有在新的时代里的新的情感。

曲江在变化。

在访谈中,所有的人都无一例外地谈到了曲江的变化,他们都承认曲江变化很大,环境好了,绿化好了,各方面都在迅速地改善。就连多数人提到的前些年的公交问题,现在也都在一定程度上得以解决。当然,曲江的拥堵给人们带来了新的困扰,然而除此之外,环境的改善是有目共睹的,人们欣然地看着这些变化,并因为自己亲历了变化而喜悦。

曲江的变化,首先冲击了老居民。在访谈中我们见到了已经回迁的,也见到了尚未回迁仍在过渡期间的居民,涉及近十个村子。我们听到了一些抱怨,也看到有人能尽快地适应这种变化。有人在拿到拆迁安置款之后,在家游手好闲了一年,很快就意识到再多的安置款也不足以支撑继续游荡的生活，于是找了工作，踏踏实实地重新开始；也有人将安置款作为启动资金，紧锣密鼓地开始了自己人生的下一站。因为他们意识到，这种变化无论你欢迎与否，都是要来的。

曲江是这座城市的增长极。

它的环境带来了新居民的涌入。有一位受访者说："在曲江建设方面，首先就是认同感，认同的就是周秦汉唐的文化，让我从内心深处去重拾一种十三朝古都的概念。西安这种，我个人理解就是比较低调的奢华。"认同感与归属感，溢于言表。另一位居民这样说："你问我为什么买这儿的房子？说实话，我就是被我们小区售楼处那句话给打动了，那上面写着'永远的大雁塔'。我当时就决定在这儿买房了。你想，我每天推开窗户，都能看见大雁塔。这景观别的地方有吗？能复制吗？"

是的，大雁塔不能复制。曲江亦然。它的文化、它的历史、它本身，都对西安人乃至陕西省其他地市的居民有着无可替代的吸引力。

在新移民中陕北人是不容忽视的群体。在访谈中我们听到了很多种关于陕北人的传言，包括一举买了数十套房的，包括外出吃饭不讲规则的。然而在种种流言之中，我们也看到了来自陕北的曲江新移民的努力，正如一位年轻的女孩所说，她认为陕北人以及所有的新移民，都应该学习如何与这座城市相处。

曲江使很多人生活安逸，曲江及其周边居民对此几乎是众口一词，他们承认现在生活设施上还有些欠缺，承认没有菜市场，没有豆浆油条胡辣汤给他们带来的不便，但他们更多地表达了对曲江建设的肯定，这里环境好，住在这里让他们觉得脸上有光彩。周边居民，住在西影路、长安路，甚至更远的，都将曲江作为自己休闲的好去处，甚至有人说，要是曲江能把我们这儿接管了就好了。

曲江容纳了许多人的梦想。

在我们的访谈中，经常会问到这个问题。"曲江住的都是什么人？"所得答案大多是:“那是有钱人的地方”,或是“高端人群吧”。然而在访谈中我们看到的却并非如此。曲江不只是有钱人的曲江,因为区位,因为机会,因为环境,或者仅仅是因为它是曲江,它吸引了各种各样的人,它敞开胸怀,容纳了许多人的梦想。

他们是谁呢?他们从哪里来?他们在这里要找到什么呢?在访谈中,我们看到了许许多多这样的人。曲江今天的繁荣,都离不开他们为梦想而努力的执著。

他们从户县来,从长安区来,甚至从更远的咸阳来。他们的梦想并不宏大,也绝不惊世,然而这种平实朴素的,对未来的设想和追求才是这片地方的活力之源。

他们租住在城中村里,随着曲江新区的建设,城中村一个个被拆迁了,如今他们大多聚集在硕果仅存的太平堡里。微薄的收入使他们不能去挑剔逼仄拥挤的生活空间。每天不等晨曦初露,整个城市都还沉浸在梦境之中时,他们已经走出了狭小的房间,走到了自己的工作岗位上。下班后又往往已是黄昏甚至黑夜,他们在床头支起的小小灶台上,匆匆为自己下一碗面。若是有休息的时间,他们也会走出自己蜗居的小屋,在大雁塔南、北广场,在自己白天工作过的地方,静静地欣赏这里的美丽,在穿梭来往的人群里微笑着。

相比这些上了年纪的老人们,年轻人的梦想更具体,也更实际。我们访谈对象中有一位陕师大附中的老师,当问到曲江新区建设对学生们影响大不大的时候,他笑着对我们说:“大啊,周边的商业区对学生还能起到教育作用呢,我们经常跟学生说,你要是学得好了你就从东门出去,学得不好就从西门出去,西门就是翠华路,东边都是高档的店,很多名车。”

还有些人在五星级酒店、高档餐厅工作,然而他们不在曲江住,他们的收入无法负担曲江的高房价,他们在北郊、在东郊,每天坐地铁、坐公交车上下班。有些餐厅员工下班可能会在后半夜。

他们住得那样拥挤，上班的路那样艰辛，然而他们创造的，是曲江被所有人称道的环境、秩序和服务。

从这个意义上来看，曲江的水波潋滟里，依然有唐代的基因，在现代高楼的鳞次栉比中，从唐朝而来的梦想之光，仍然在默默闪耀。那光芒穿越千年，至今温暖光明，而这些光芒，闪现在了许多普通人的身上。

在曲江新区的另一端，历经千年风雨的大雁塔巍然耸立。唐玄奘的取经之旅，并不是如《西游记》中所描述的那样，有漫天神佛的暗中照拂而有惊无险，有那几个徒弟殷勤伺候插科打诨，三藏法师自己，也绝不是小说中的软弱形象。如今，他译经所在的大雁塔已成西安最负盛名的景点，他永恒地站在那里，每一个来到南广场的人，都要被他俯瞰众生的慈悲目光注视。

有人说过，世人对某个人的尊敬，绝不是因为他的光环，而是因为他的努力。在《西游记》中，降魔除妖的不是唐三藏，但其实他才是取经团队的灵魂，是他们对未来的愿景，对理想坚持之所系。

这七级浮屠，历经1300多年的风雨仍站在那里，似是在告诉我们，这座人生的高塔之中，曾有一位僧人辛辛苦苦，皓首穷经。

在大雁塔南广场，唐玄奘的温和目光中，依然有追求梦想的光芒。

曲江的永恒与变化，和谐共生。

大雁塔从西北方向，曲江从东南方向，恰恰勾勒出了曲江新区一期的轮廓。曲江，风雅的古人留下了这样一个柔婉的名字，为我们认识这片土地和这面湖水留下了一个线索，让古与今的人在这里找到情感上的共鸣。曲江流饮，曲水流觞，那穿越千年的欢笑，静悄悄地告诉后来的人，这片土地上的价值认同是什么。这里做过十三朝的首都，这里有过周秦汉唐的文采风流，它从来都是热闹的，众生在这里寻找自己想要的，在这里用执著追寻梦想，在这里以安逸寻求归属。从那时，到现在。这似乎是这片土地的灵魂，也是中国人，至少是西安人，群体记忆之所在。

曲江之所以成为曲江，是因为它与人有那么多的联系，是因为周秦汉唐的人们将自己对这片土地的爱投注在了这里,他们的感情依附在了这片土地上,又为我们留下许多的线索,让我们在曲江池畔分花拂柳的风中,与那些千年前的人相视一笑,默然会心。

在曲江的风柳里,它作为一个地方,悠悠然地仍有古人一种观看、认识和理解世界的方式和视角流传下来,以一种隐喻的方式。

沧海桑田,岁月变迁。千年以来曲江从未完成过自己的变化,它始终处于流变之中。曲江不是某一个时代的产物,也不是哪项政策的结果,它是一种改变。它的特征是开放和改变,而不是界限与永恒。

如今的曲江已经成为西安新的增长中心,它也如同千年前一样,容纳着无数人的梦想、憧憬和生活。而曲江,仍是风吹垂柳,波澜不惊,一如千年以前。

当我们以和我们一样的普通人的眼光来看,用这种不同于外来游客的视角观察这座我们熟悉的城市,我们发现,这里有我们从小就熟悉的大雁塔,有渐渐熟悉起来的街景。各种不同人群关于这片土地的多样性回忆构成了它的灵魂。时间与空间,是人们生活的基本坐标。当人们将意义投注于局部空间,然后以某种方式依附于其上,空间就成了地方。

在众生相里,曲江成为曲江。

http://www.cp.com.cn
ISBN 978-7-100-11494-3
9 787100 114943 >
定价：58.00 元